云南省社会科学界联合会 组编

《云南史话》编委会

主　编　张瑞才

副主编　余炳武　戴世平

委　员　吴绍斌　李　波　吴丽萍　龚志龙

　　　　　周　明　岳石林　陈克华　胡丽华

　　　　　何锡英　李保欣　赵卓磊　张培锋

　　　　　李维金　杨五青　和文平　游启道

　　　　　李文育　陈树华　刘　军　马维聪

迪庆史话

陈树华 编著

云南出版集团
云南人民出版社

图书在版编目（CIP）数据

迪庆史话 / 云南省社会科学界联合会组编；陈树华编著. -- 昆明：云南人民出版社，
2017.11（2018.12 重印）
（云南史话. 地方系列）
ISBN 978-7-222-16704-9

Ⅰ. ①迪… Ⅱ. ①云… ②陈… Ⅲ. ①迪庆藏族自治州 - 地方史 Ⅳ. ① K297.42

中国版本图书馆 CIP 数据核字 (2017) 第 286388 号

出 版 人：赵石定
统筹编辑：马维聪
责任编辑：李东华　段金华
责任校对：陈　亚　余丽红
责任印制：洪中丽
装帧设计：赵　丹

迪庆史话
diqing shihua

云南省社会科学界联合会　组编
陈树华　编著

出　　版	云南出版集团　云南人民出版社
发　　行	云南人民出版社
社　　址	昆明市环城西路 609 号
邮　　编	650034
网　　址	http://ynpress.yunshow.com
E-mail	ynrms@sina.com
开　　本	787mm×1092mm　1/32
印　　张	11.125
字　　数	150 千
版　　次	2017 年 11 月第 1 版　2018 年 12 月 2 次印刷
印　　刷	云南商奥印务有限公司
书　　号	ISBN 978-7-222-16704-9
定　　价	35.00 元

如需购买图书、反馈意见，请与我社联系
总编室：0871-64109126　　发行部：0871-64108507
审校部：0871-64164626　　印制部：0871-64191534

版权所有　侵权必究　印装差错　负责调换

云南人民出版社公众微信号

总　序

七彩云南，气象万千。

这里东连黔桂，西邻缅甸，北靠川渝，南望越南、老挝，是祖国大陆通往南亚东南亚、前出印度洋的枢纽和大通道。特殊的地理，悠久的历史，孕育了深厚的底蕴，创造了丰富多彩的灿烂文化，成为中华文化同南亚次大陆文化、东南亚文化交汇区域，是文化交汇、融合、多样性的现代范本。

这里山川纵横。横断山、哀牢山、无量山、云岭、乌蒙山等山系支撑起祖国西南辽阔的天空。这里碧水荡漾。滇池、洱海、抚仙湖、程海、泸沽湖、杞麓湖、异龙湖、星云湖、阳宗海等湖泊，像一颗颗璀璨的明珠，镶嵌在云南高原上。这里江河澎湃。金沙江、澜沧江、怒江、红河、南盘江、伊洛瓦底江等六大水流联通各民族共同的家园。这里是植物王国、动物王国、有色金属王国。这里气候温和、四季犹春,在中国是绝无仅有的宜居宝地。

这里历史悠久。元谋人从170万年前的远古走来。战国中晚期庄蹻入滇,第一次把楚文化与滇文化连接起来。秦开五尺道、汉习楼船,云南正式纳入祖国版图。唐宋时期,南诏、大理国文化唱响西南。元初正式建立行省。明清时期,云南经济社会得到长足发展。20世纪初,云南各族人民打响了护国战争第一枪,开始埋葬封建帝制。在抗日战争中,几十万云南各族儿女征战沙场,扬我国威!西南联合大学谱写了世界教育史上的奇迹。

在这片红土地上,传承着红色文化基因。走出了王复生、王德三等早期马克思主义播火者,走出了无产阶级军事家罗炳辉,《中华人民共和国国歌》的作曲者聂耳,马克思主义大众化的中国第一人、我们党思想理论战线忠诚的战士和学者艾思奇。20世纪30年代,毛泽东率领中国工农红军长征过云南,播下了革命火种。40年代后期,中国共产党领导下的滇桂黔边纵队与中国人民解放军,在极端艰难困苦的条件下英勇作战,迎来了新中国的诞生!

这一切,催生了一系列独具特色的历史文化:有史前文化、古滇文化、哀牢文化、爨文化、南诏文化、移民文化、护国文化、抗战文化、西南联大文化、红色文化。

这里是民族文化的富聚区,民族文化多样性的活态博物馆。26个民族中16个独有民族,15个民族跨境而居。民族文化丰富多彩、博大精深、底蕴深厚、特色鲜明。如彝族的毕摩文化、藏传南传佛教文化、傣族的贝叶文化、纳西族的东巴文化、哈尼族的梯田文化,等等,还有各种各具特色的丧葬、婚姻、服饰、建筑、节日、歌舞、生态等文化形态。此外还有各民族长期以来相互交融、相互学习、共同发展而产生的综合性文化,如茶文化、医药文化、烟草文化、驿道文化、青铜文化、石刻文化等,异彩纷呈,不胜枚举。

云南各民族优秀文化是中华文化的重要组成部分，是中华文化的瑰宝，是中华民族文化大花园中的奇葩！在长期的历史发展中，在红土高原上，形成独具特色的历史文化、地域文化、民族文化，其突出特点是多样形态、多元一体、和谐共生。各种文化，相互交融。佛教文化、基督教文化和伊斯兰文化并存（即使在同一宗教内，不同派别也和睦相处，如同为佛教，藏传佛教、南传上座部佛教和汉传佛教，亲密无间）、儒释道文化并存、原生态文化与现代文化并存、多民族文化并存。

在经济全球化、文化经济化、经济文化一体化的今天，文化既是社会生活方式，更是一种社会生产力，是各民族共同的精神家园。

"观乎天文，以察时变；观乎人文，以化成天下"（《易经－贲卦》）。习近平总书记指出："要始终坚持道路自信、理论自信、制度自信，最根本的还有一个文化自信。"党的十九大报告提出："要坚定文化自信，推动社会主义文化繁荣兴盛。""没有高度的文化自信,没有文化的繁荣兴盛,就没有中华民族伟大复兴。要坚持中国特色社会主义文化发展道路,激发全民族文化创新创造能力,建设社会主义文化强国。"这是党中央赋予我们这一代哲学社会科学工作者的历史使命!承担起新时代这一历史使命,必须在新的实践基础上,用中国特色社会主义文化引领,推动文化的创新发展。必须深入挖掘传统文化资源,从中吸取历史智慧,引导云南各族人民树立正确的历史观、民族观、国家观、文化观,推动文化创造性转化。还必须为各族人民提供丰富的精神食粮,不断满足人民过上美好文化生活的新期待。

古人云:"虑不远不足以图大功,功不大不足以传永世"。云南省社科联为贯彻落实党的十九大精神,为传承、弘扬云南优秀传统文化,坚定各族干部群众文化自信,决定组织全省有关专家学者编辑出版"云南史话"系列丛书,分别为地方系列、民族系列、特色县市系列、民族文化艺术系列、重大历史事件系列五部分,每套丛书出版20种,共计100种。这是一项规模宏大的系统工程,计划用五年时间完成。通过本套丛书,我们将深入挖掘云南文化宝贵资源,认真梳理云南文化发展脉络,总结云南文化发展的特点及其规律,以期为增强文化自觉,坚定文化自信,牢记习近平总书记对云南人民的嘱托,闯出一条跨越式发展的路子,为努力成为民族团结示范区、生态文明建设排头兵、面向南亚东南亚辐射中心,谱写好中国梦的云南新篇章而奋斗!

是为序。

云南省社科联党组书记、主席　张瑞才

2017年10月

目　录

一、地理环境 / 1
（一）自然环境 / 1
（二）自然资源 / 30

二、历史沿革 / 53
（一）历史起源 / 53
（二）建制沿革 / 57
（三）神川铁桥 / 88

三、史海钩沉 / 94
（一）茶马古道 / 94
（二）重大历史事件 / 104
（三）历史人物 / 130
（四）革命史迹（红色文化）/ 151

四、民族宗教 / 170

（一）迪庆民族 / 170
　　（二）迪庆宗教 / 199

五、旅游文化 / 202
　　（一）自然景观 / 203
　　（二）人文景观 / 221

六、史迹概说 / 247
　　（一）魅力古城 / 247
　　（二）文物古迹 / 253

七、当代新貌 / 306
　　（一）跨越发展 / 306
　　（二）和谐共生 / 322

一、地理环境

迪庆州地处青藏高原的南延部分、著名的横断山脉地段，是云南省海拔最高的地方。这里群山集结，江河深切，草原辽阔，森林茂密，共同组成了大美迪庆多姿多彩的诱人景色。

（一）自然环境

1. 特殊的地形地貌

以迪庆高原为核心的滇西北三江并流区，是印度板块与欧亚板块碰撞、多种高山地貌类型及其演化过程的杰出代表，是世界一流的地质、地貌自然遗迹区。2003年7月2日，被列入世界自然遗产名录。距今2.8亿年前，包括迪庆在内的青藏高原地区绝大部分处于海洋环境中（古地中海），又称为"特提斯海"。特提斯海的南北两侧分别盘踞着地球上两个巨大的联合古陆，位于南面的叫冈瓦纳大陆，北面的称为劳亚大陆（欧亚古陆）。距今2亿~3亿年，冈瓦纳大陆发生破裂，分成若干陆块向不同的方向漂移，其中一些板块（包括扬子板块）先后拼合到欧亚板块之上。三江并流区澜沧江断裂曾经就是新冈瓦纳构造域板块与欧亚大陆的地质缝合线之一。距今4000万年前（新生代第三纪），向东北方漂移的印度板块与欧亚大陆接壤。印度板块强大的推挤力在向北传递时，遇到了北面亚欧大陆内部一些坚硬地块的阻挡，板块间的碰撞和挤压，导致地壳的强烈隆升，形成巨大的青藏高原。处于青藏高原东南缘特殊区域的横断山区，原有的构造体系也发生了大规模的变形和扭曲，出现了逆冲带来的新的构造组合，是当今"三江并流"和"群山会聚"地貌特征形成的主要控制因素。之后，包括迪庆在内的青藏高原，又历经了三次隆升、两次夷平。因此，第三纪喜马拉雅造山运动和第四纪的新构造运动，造就了迪庆高原（现代高原面即古夷平面，海拔高度在3400米~4000米之间）。

　　迪庆地区褶皱和断裂众多，自西向东依次为梅里雪山褶皱带、红山—维登褶皱带、德钦—维西褶皱带、石鼓褶皱带、中甸褶皱带和扬子准地

一、地理环境

台等6个褶皱带。从州内穿过的深、大断裂有澜沧江深断裂、金沙江深断裂、安家村—楚波深断裂,德钦—雪龙山大断裂、新联—中甸大断裂,阿登格东—叶枝大断裂、拖顶—开文大断裂、格咱河大断裂、羊拉—东竹林大断裂、奔子栏—尼西断裂等10条。它们对迪庆境内主要的山脉与河流的走向有着明显的控制作用,是迪庆高原水系分割和山间盆地多呈南北走向以及地貌起伏抬升呈东西起伏的主要根源。

迪庆州境内出露最古老的地层为中元古界崇山群和前寒武系石鼓群。境内出露的岩石有岩浆岩和变质岩。岩浆岩有侵入岩和喷发岩。侵入岩集中分布于拖顶~开文大断裂以西的德钦~维西区和格咱河大断裂以东的休瓦促~雪鸡坪区。喷发岩在迪庆分布较广、期次较多、类型较杂,多随上、下地层呈南北向展布。迪庆州跨越怒江~澜沧江、德钦~绿春和金沙江三个变质区。变质作用显著,范围广,出露地层除维西境内澜沧江东侧少量侏罗系、白垩系和零星分布之第三系、第四系外,均已不同程度变质。全省26个变质带中,跨经迪庆者达9个,占34.62%。迪庆境内共有澜沧江深断裂、金沙江深断裂、安家村~楚波深断裂、德钦~雪龙山大断裂、新联~中甸大断裂、阿登各东~叶枝大断裂、拖顶~开文大断裂、格咱河大断裂、羊拉~东竹林大断裂、奔子栏~尼西断裂等十条深、大断裂穿过,不但控制着本地区不同地带地质特征的演化,也明显影响着由此衍生而来的山川地势,地质构造十分复杂。

迪庆州境内的地貌垂向分带为岭峰、古高原面、剥蚀面、河谷四个层次。岭峰,即高耸于古高原面之上的山体顶巅地段,与古高原面高差常达数百米、千余米或更高。如怒山山脉的太子雪山及往南的岭脊地段,云岭山脉的察里雪山~白茫雪山,中甸大雪山山脉的多数岭脊地段,如巴拉更宗、天宝山、哈巴雪山等,均为有代表性的岭峰。古高原面,受新构造运动和后期侵蚀影响,原来的古高原面已支离破碎,残留于不同海拔高度群山之中。怒山山脉迪庆州境内地段密集河流溯源侵蚀已近至分水岭脊,已无较大高原面保存,中甸大雪山山脉小雪山垭口之东,大雪山垭口之西,比削冈~勺菜一带,硕都海~碧塔海附近几条河流分水岭脊地带,云岭主支洼打木梁子、贝

一、地理环境

母梁子等地及其他不少地区仅见其残体；以中甸纳帕海西~下推果~迭水岩一段长约90千米地带（海拔3700~4000米）保存较好。自大雪山垭口西（4300~4500米）至迭水岩之南（3500~3700米），明显看出古高原面自北向南倾斜之势。维西境内永春河、澜沧江一带古高原面海拔仅3200~3400米。剥蚀面，为局部性剥蚀夷平的地面，位于古高原面之下，往往构成窄小的谷肩台地和盆地四周平缓山丘，是境内地貌垂向分带的第三层次。河谷，澜沧江、金沙江流经迪庆州地段均属深切河谷，深切古高原面达2000米以上，连同其大量支流网络，构成本区地貌垂向分带的第四个层次。按形态可分为宽谷、半峡谷、峡谷三类，尤以澜沧江峡谷、金沙江虎跳峡、冈曲峡谷最为著名。

　　迪庆州地貌类型有山地地貌、河谷坝、冰川地貌、湖成地貌、岩溶地貌、构造地貌六种，其中以山地地貌和河谷坝最为广泛。迪庆全境均处于举世闻名的横断山这个巨大山原的"三江"纵谷区，山地是此区最辽阔的地貌形态，全州有海拔2500~4000米山地面积15617平方千米，

4001～6740米山地面积5656平方千米,两者共占全州总面积的89.12%,"三山"(怒山、云岭、中甸大雪山)夹"两江"(澜沧江、金沙江)并列纵贯,山岳高耸,江河深切,更加大了东西往来难度,"横断"气派尤为壮观。迪庆州境内的"两江"河谷,总体均属高原深切型河谷,除金沙江局部地段外,很难形成较大之堆积阶地,河谷坝面积较小,澜沧江边红山(鲁瓦)、西当、巴迪、梓里、叶枝、康普、中路、维登,金沙江边奔子栏、拖顶、上江～塘上以及支流永春河、阿东河、腊普河、珠巴洛河、洛吉河、格咱河及硕都岗河沿岸所见乃其中较大者,现均为迪庆农业主产区。其中金沙江左岸的上江～塘上坝北起香格里拉市上江乡开你迪,沿金沙江过"长江第一湾"至虎跳峡镇塘上,金沙江侧蚀作用远强于下切作用,河谷增宽至4～6千米,现代河床宽250～1000米,两岸形成一系列以砾石、沙粒、黏土及亚粘土为主的冲积平原和阶地,以及冲、洪积扇,是该河积坝的通过湖南基础。全坝沿江断续长103千米,面积约55平方千米,为迪庆境内最大的河谷坝,是香格里拉市主要产粮区。

一、地理环境

云南的山由"世界屋脊"青藏高原逶迤而来,横断山脉与藏东、川西的群山承接。这样,迪庆州自然地成为山系结集的重要地区。这里,群峰错落,高耸入云。山顶白雪皑皑,终年不化,山间挂着蔚为壮观的巨大冰川。在整个迪庆州的土地上,山连着山,重重叠叠。如果乘坐飞机越过上空,就会看到群山犹如翻江倒海,巨浪排空。绿色的林海像大海起伏的波涛,晶莹的雪峰恰似海上涌起的浪花。它有着雄伟壮丽的美,不能不说是自然世界的一大奇观。

这里的山为什么这样高、这样多呢?大约在一亿年前的中生代侏罗纪,印度板块北上与欧亚大陆聚合。两大陆地聚合相撞,产生了强烈的挤压,经过漫长的岁月,形成了南北走向的巨大褶皱和断层。直到第三纪末,距今三百万年以前,由于喜马拉雅造山运动的影响,加上来自西南方向的印度板块的挤压,使青藏高原和横断山脉一起迅速隆起,横断了东西交通,而被称为横断山脉。横断山脉从西藏昌都地区南下,连绵千里,纵贯南北,地势由北而南逐步降低。迪庆州正处在横断山脉之中。由西向东依次是怒山、澜沧江、云岭、金沙江、贡嘎山（中甸大雪山），相间排列。一列列大山高插云霄，一条条大江奔腾咆哮，白云悠悠，缭绕山间。自然景象，千姿百态，自然资源，丰富多彩。

迪庆州境内怒江、澜沧江、金沙江三江并流，呼啸南下。怒山山脉、云岭山脉和中甸大雪山山脉（沙鲁里山脉）由北向南逶迤，是闻名于世的横断山脉（滇西纵谷）区的典型地段。由西向东形成怒山山脉、澜沧江、云岭山脉、金沙江、中甸大雪山山脉相间排列的三岭两江的格局。高山耸峙、山峦重叠、山川众多、江河纵横、纵谷绵长深邃。整个地势由北向南逐渐降低，大趋势似阶梯形。因此，迪庆州全境由山地和河谷组成，而最辽阔的地貌形态类型是山地、古高原及岭峰。海拔2200米以上的半山区、山区及高寒山区面积占全州总面积的80.8%；深切于古高原的河谷，占全州总面积的19.2%；境内高山陡坡面积占全州总面积的35%。主要山脉有怒山山脉、云岭山脉及中甸大雪山山脉，均呈南北向纵贯全州。

怒山山脉　怒江以东、澜沧江以西的一系列山地，称为怒山山脉。是怒江和澜沧江的分水岭，

一、地理环境

也是迪庆州西边的屏障。北起德钦县西北部曲龙巴拉古（北纬28°41′04"），南至维西县西南隅洛乌北（北纬26°57′29"）。沿岭脊长约195千米。怒山山脉在西藏叫阿东格尼山，到滇藏边境叫四蟒大雪山，到迪庆州境内上段叫梅里雪山，梅里雪山之南叫碧罗雪山。怒山山脉山体极薄，又挺拔峻峭。在迪庆州二百余公里内，雪峰连绵起伏。每当朝阳初上，云横山腰，高插蔚蓝天空的群峰，镀上了灿烂的金光，随着云雾升腾，群峰或隐或现，变幻莫测，象银龙在云海中起舞，而深深的山谷，是喧嚣不已的澜沧江。山体挺拔峻峭，群峰峥嵘。梅里雪山，冰川逶迤低展，是个蔚为壮观的冰雪世界。在连绵的雪峰中，由北向南依次是说拉曾归面布，海拔5295米；芒框腊卡，海拔6400米，主峰卡格博，海拔6740米（云南省最高峰）；奶日顶卡，海拔6379米；面茨姆，海拔6054米等。最低海拔点在维西县维登乡碧玉河口，海拔1486米。相对高差5254米，成为世界上最长最深的峡谷之一。由于高差大，地质构造复杂，气候垂直差异明显，有着不同类型的动植物分布带谱。

云岭山脉　云岭山脉是澜沧江和金沙江的分水岭，它在西藏叫宁静山脉，延入云南省后称为云岭山脉，挟持于澜沧江、金沙江间，呈近南北向纵贯德钦、维西两县。山地高度在四千米和五千米之间，也有不少高出五千米的山峰。云岭山脉是云南省最大的最主要的山脉。自德钦县北东隅（北纬29°15′09″）至维西县最南端（北纬26°54′08″），南北长约262千米，最窄约26.5千米（维登至五点石南），最宽约50千米（尼通西至伏龙桥南）。地势由西北向南倾斜，气势雄伟磅礴，逶迤南展，是云南省最大最重要的山脉之一。由于岭谷交错，有明显的气候垂直变化，具有从干热河谷到永久冰雪带的完整气候带谱系，以及热带至北寒带过渡的植物分布体系，动植物种类繁多。滇金丝猴及其它珍禽异兽，黄杯杜鹃及其它杜鹃熙熙攘攘，阔叶林、暗针叶林分布在不同的海拔地段上，保护面积1901.44平方千米的白茫雪山自然保护区就设在这里。

中甸大雪山山脉　即四川省西部之沙鲁里山脉，北接雀儿山，是金沙江及其主要支流雅砻江的分水岭；金沙江以东进入云南后改称为中甸大

一、地理环境

雪山山脉,是云岭山脉的一个分支。自北端(东旺区桑东土约北纬28°50′59″)至南端(金江区龙潭南"长江第一湾"约北纬26°52′30″),长约220千米,最宽87千米,最窄8千米。山体绵延起伏。主峰巴拉格宗,海拔5545米;哈巴雪山,海拔5396米;中甸大雪山山脉最低点为香格里拉县鲁子拉山脚江面,海拔1503米,相对高差4042米。中甸大雪山腹地,有广阔的草原草甸,连绵起伏的群山和丰富的森林资源。

2. 壮美的雪山冰川

迪庆境内沿怒山山脉的梅里雪山、太子雪山、碧罗雪山和云岭山脉、中甸大雪山岭脊分布有海拔6000米以上雪山11座,5501~6000米雪山10座,5001~5500米雪山171座,4501~5000米雪山370座,4001~4500米雪山228座,3501~4000米雪山68座。迪庆堪称雪山林立之区。

怒山山脉梅里雪山在德钦县境内,是康巴地区最著名的神山之一。"梅里"为藏语,意为"药山"。山巅雪峰林立,主峰卡瓦格博为云南最高峰。梅里雪山从北到南,5000米以上的雪峰有8座:说拉曾归面布,意为柏树山上的红脸凶神,相传为卡瓦格博的北方红脸卫士,海拔5295米;芒框腊卡,意为芒框山之峰,海拔6400米;奶日顶卡,意为神山顶之峰,海拔6379米;措贡拉卡,意为圆湖上方的山峰,位于斯恰冰川的冰斗上方,海拔5993米;主峰卡瓦格博,意为白色的雪峰,海拔6740米;吉娃仁安,意为五佛峰,象征大日、不动、宝生、无量光和不空成就等五如来佛,海拔5470米;缅茨姆,意为下凡的湖女,相传为卡瓦格博山神的妻子,海拔6054米;八堆丁,意为八堆牧点上方的神山,海拔5157米。碧罗雪山在维西县境内,其北连梅里雪山,南与怒江州兰坪县相接,最高峰查布朵嘎,海拔4880米。

云岭山脉在迪庆境内长约262千米,包括德钦县的察里雪山、甲午雪山、闰子雪山、白马雪山和维西县的萨马阁、栗地坪、雪龙山等。"白马"意为"莲花",是藏传佛教八祥瑞物之一。白马雪山是因其形如妙莲而得名。主峰扎拉雀尼,海拔5386米,是云岭山脉的最高峰。1983年,云南省白马雪山自然保护区建立,1988年被批准为国家级自然保护区。2000年经国务院批准,保护区范围向南延伸到维西县萨马阁林区,面积达

一、地理环境

到281640公顷,成为中国现有保护面积最大的以保护滇金丝猴及其栖息森林为主要对象的国家级自然保护区。保护区内有云南高山名花杜鹃花科植物92种。2005年,白马雪山杜鹃林被《中国国家地理》评为"中国最美的十大森林"之一。甲午雪山主峰亚赛海拔5404米,察里雪山主峰海拔5534米。

中甸大雪山在迪庆境内长约220千米,包括巴拉格宗雪山、中甸大小雪山、石卡雪山、天宝雪山和哈巴雪山等。巴拉格宗雪山位于香格里拉市西部尼西乡境内,海拔5545米。藏语"格宗"意为白色堡垒,因格宗雪山位于巴拉村而得名巴拉格宗雪山。哈巴雪山位于香格里拉市东南三坝乡哈巴村,主峰海拔5396米,与玉龙雪山遥遥相望。"哈巴"为纳西语,意"庄稼好",哈巴雪山因位于物产丰富的哈巴村而得名。哈巴雪山4000米以上的高山地带风景秀丽,分布有黑海、湾海和黄海等高山冰蚀湖泊,周围杜鹃环绕,南部则是世界著名的虎跳峡谷。1983年,云南省哈巴雪山自然保护区建立,总面积21908公顷,主要保护对象是滇西北高山森林垂直分布自然景观。

石卡雪山位于香格里拉市城以西，主峰海拔4450米。"石卡"为藏语，意"有马鹿之地"，因山中曾有马鹿栖息而得名。

迪庆是云南省冰川作用最强烈和冰川地貌最集中的地区，不但残存着大量的古冰川遗迹，而且是中国现代冰川活动的最南部位，是展示和研究第四纪山岳冰川和现代山岳冰川地质地貌最有价值的地区之一。

迪庆州境内冰川，主要分布在梅里雪山和哈巴雪山。梅里雪山卡格博主峰两边，并排错落的群峰之下，有冰库、冰川，向下延伸于山谷之中。其中以纽恰、斯恰、明永恰等冰川最大，最为壮观。面积73.5平方米，年融水量23200万平方米。这些冰川属低纬度、低海拔季风海洋性现代冰川，具有雪线低（在海拔4600~5500米之间），温度高（年平均气温在-4℃）。消融快，靠降水而生存的特点，所以冰川运动速度快，进退幅度大。冬天，冰舌延伸到海拔2740米处。冰川可以分为三级，第一级是海拔4500米以上的扇形冰库；第二级是海拔4500米到3000米之间的冰瀑布（其下有巨大的拱形冰弧融洞），第三级是海

一、地理环境

拔3000~2740米之间的冰舌。分布有明永恰冰川的奶诺弋汝、森层堡两个大阴沟,进入森林达10千米,春暖时节,融水破冰而出,汹涌奔流,成为众多山泉的源头。香格里拉市哈巴雪山分布的现代冰川规模较小,面积约2.1平方千米。

迪庆分布着广泛的碳酸盐类岩石,在冰川融冻、溶蚀等作用下,形成了很多独特的高山喀斯特地貌,并成为一大诱人的自然景观。香格里拉市翁水的大小雪山群峰、石卡雪山群峰等都是典型的喀斯特峰丛,三坝白水台、尼汝珍珠滩为高山泉华沉积地貌,格咱赤土仙人洞、五境水帘洞等为典型的喀斯特溶洞。还有纳帕海落水洞及其暗河、红坡天生桥及夏给温泉的热水泉华堆积等千姿百态的喀斯特地貌。

白水台是中国最大的泉华台地之一,位于香格里拉市三坝乡白地村海拔2580米的山坡上,占地约300公顷,当地纳西族称之为"拜柏枝",意为逐渐长大的花。远眺白水台,似一块镶嵌在白地村上方的巨型白玉;近看白水台,宛若一个个盛满琼浆玉露的大玉盘层层叠叠,煞是耀眼夺目。顶部地势稍微平坦处为出水处,富含水溶性物质碳酸氢钙的泉水从泉眼流出,在地面温度的作用下,分解出不溶于水的碳酸钙、二氧化碳和水。碳酸钙不断沉淀,形成了眼前这美妙绝伦的"仙人遗田"。在香格里拉大峡谷上段的赤土村北海拔2600米处,有赤土仙人洞,该洞洞中有洞,洞洞相连。它与五境水帘洞一样,洞之深长至今尚未探明。溶洞内有形态各异的钟乳石,洞中"大厅"可容纳数百人。此外,迪庆还有很多溶洞如香格里拉市的尼汝帕姆乃、石卡乃日伙仙人洞、维西达摩祖师洞、生生洞、红石岩洞、德钦霞若岩洞等,大多还被当地百姓当作圣地加以崇拜。

3. 雄伟的大江峡谷

迪庆州境内,由于横断山脉的南北向的深大断裂很发育,金沙江、澜沧江两条大江,沿着纵谷,呼啸奔腾南下。怒山、云岭、贡嘎山脉夹着两江,形成两条巨大的峡谷,谷岭相差四千米。金沙江,澜沧江和流经怒江傈僳族自治州的怒江,合称"滇西三江"。在北纬二十七度三十分附近,"三江"在七十五公里的直线距离内,而怒江和澜沧江两江相隔的水平距离才十公里。澜沧江和金沙江北部入境处,海拔都在二千三百米左右,南部出境

一、地理环境

处都在一千五百米左右。

源远流长的金沙江　金沙江古称"神川""丽水""泸水"。相传以盛产金沙而得名。是我国的第一大江——长江的上游。发源于青藏高原唐古拉山脉中段,在青海玉树以下,折向南流,途经云南省迪庆州。金沙江由德钦县羊拉丁拉村进入迪庆境内。右岸是德钦县羊拉、奔子栏、拖顶,维西塔城,丽江玉龙县。左岸为四川省得荣县,香格里拉市尼西、五境、上江、金江、虎跳峡、三坝、洛吉等乡镇。最后在老火房出境,向东奔流而去。入境海拔2296米,出境海拔1503米,境内流程430千米,流域面积16810.8平方千米,占全州总面积的70.4%。金沙江流经迪庆州境内较大的支流有发源于白马雪山的朱巴洛河(河长90公里),发源予维西县栗地坪的腊普河(河长70公里)。香格里拉市一侧高原上,支流较多,上游河谷平坦,水流平缓,下游河谷深切,水流湍急,浪花飞溅。交界河(河长98公里),滇藏公路沿线的硕多岗河(河长126公里),水量稳定,水能资源丰富,上游植被丰裕,水流清澈,且落差集中,常年奔腾不息,是迪庆州开发能源的重要河段。金沙江迪庆境段有8条流量在7-44.7米／秒以上的一级支流，它们是东旺河、冈曲河、吉仁河、珠巴洛河、丹达曲河、尼汝河、腊普河、硕多岗河。

金沙江由四川流入迪庆州境内到奔子栏一段，把高山切割成十分壮丽的险境，两岸危崖耸峙，冰峰峥嵘，曲曲弯弯，陡坎相连，江水被两岸的红石山岩紧紧地挤压，激流搏击，声响撼谷。拖顶以下，到虎跳峡口，共200公里内，江面开阔，澎湃的怒涛变为平静的江流，可见木船往还。在巴洛附近（对岸为石鼓），金沙江忽作V字形转弯北去，形成"长江第一弯"。公元1253年兀良合台乘木筏和革囊渡江，也在这一带江面上。1936年4月下旬，中国工农红军二六军团在贺龙、萧克、任弼时等率领下，渡过金沙江，踏上了北上抗日的征程。古往今来，有许多震撼人心的事件发生在这里。"长江第一弯"下游35公里，便是哈巴雪山和玉龙雪山之间的世界著名的大峡谷——虎跳峡了。金沙江从西、南、东三面环抱着迪庆州香格里拉市，沿江景色秀丽，处处平畴沃野，村庄掩映在丛林之中。虎跳峡入峡口处，金沙江

一、地理环境

平均流量为1450/秒立方米,有较好的调节库容,蕴藏着丰富的水能资源。

金沙江从长江第一湾向东北流至虎跳峡镇,宽阔平缓的江面渐渐变窄,江水似千军万马,向着一个深切的峡谷汹涌而进,这便是世界上落差最大和最深的峡谷之一——虎跳峡谷。虎跳峡处于玉龙雪山和哈巴雪山之间,全长20千米,险滩18处,落差达213米,江面最窄处仅20多米。从谷底至山峰,海拔相对高差近3800米。虎跳峡最为壮观的时节是雨季江水上涨期:站立谷底,抬头仰望,两翼群峰直通天际,悬崖峭壁直劈江中;望江心,飞流汹涌,惊涛拍岸,如万马奔驰,似电闪雷鸣。自然界中的惊、险、奇、绝,在这里表现得淋漓尽致。江心有一虎跳石,高达13米,如同阻止两山重合的中流砥柱。2005年,虎跳峡被《中国国家地理》评为"中国最美的十大峡谷"之一。专家们认为:"金沙江是三江并流中的大哥,而虎跳峡则是大哥身上的一颗明珠。其汹涌澎湃之势不只是让你叹为观止,而是实实在在的心灵上的震撼。"

迪庆州境内金沙江的一级支流中,还有香格

里拉大峡谷,由格咱碧壤峡谷(上段)和尼西巴拉格宗峡谷(下段)构成。最为典型的是巴拉格宗雪山下的巴拉格宗大峡谷,峡谷奇窄呈U形,峡中有峡,峡峡相连。谷两边的悬崖如一幅幅巨型的天然山水画,蔚为壮观。

奔腾不息的澜沧江 澜沧江发源于青海唐古拉山东北坡。发东源扎曲,西源吉曲,在昌都会合,从西藏盐井县盐井区的布依地方入迪庆境,蜿蜒于崇山峻岭之间,流经德钦县佛山、云岭、燕门,维西县巴迪、叶枝、康普、白济汛、中路等乡镇,至维登乡碧玉河叉河口出境。境内流程250千米,集水面积7059.2平方米,占全州总面积的29.6%,入境海拔2270米,出境海拔1480米,落差7%,比降0.35%。入境流量660/秒。境内有141条一级支流注入澜沧江。其中流量在7~15.1/秒的2条,0.2~7米/秒的67条,0.2以下的72条。这些支流水量稳定充沛,落差大。沿江两岸有发源于5000米左右,东西走向的近百条溪流注入澜沧江。这些溪流侵蚀剧烈,切割很深,落差都在3000米左右。水量充沛而稳定,适合发展小型水电站。澜沧江水系较大的支流有德钦的阿东

一、地理环境

河（河长40公里），落差达650米，长年流水潺潺，奔泻不停。维西的永春河，发源于栗地坪（河长50公里），流量大，两岸有许多冲积小平原，是迪庆州粮食产区之一。澜沧江大峡谷，被怒山、云岭两大山脉紧紧所束，两岸都是高山峻岭，峡谷非常幽深，是世界上著名的大峡谷之一。德钦是澜沧江最险要的地段，谷岭高差一般在3000至4000米。澜沧江江面海拔2020米，最低海拔也在1840.5米。而且在较短的流程内落差悬殊极大。雨季，澜沧江水暴涨，夏季，积雪、冰川消融，所以澜沧江水总是波涛汹涌，滚滚滔滔，奔流不息，且多险滩。澜沧江以其窄，流速快，更表现其险，"隔河如隔天，渡河如渡险"，群山错落，急流滔滔，无舟楫之便，历史上过江的唯一工具是竹篾溜索，就是马帮、驮子，也无不例外地从溜索溜过，故许多人死于非命。

德钦燕子岩以上的江面极窄，最宽江面不过百米。最窄的江面在云岭区附近，相传连獐子也能跳过。江流到此，狂涛激岸，水声如雷。这里山高坡陡，无路可循。走出燕子岩，过了大石头，就到维西县境内，澜沧江两岸有许多小平原和缓坡地，豁然开朗。巴迪、叶枝、康普、自济汛、维登一带，阡陌纵横，果树飘香，山林葱郁，无山不青，无水不绿。

澜沧江流经境内德钦县佛山乡至燕门乡的一段峡谷，长100多千米，被称为澜沧江大峡谷。2005年，澜沧江大峡谷被《中国国家地理》评为"中国最美的十大峡谷"之一。专家评语为："云南之巅的梅里雪山和云岭之奇的白马雪山，静静地注视着脚下这条永不宁静的大峡谷。澜沧江在这里孕育了波澜激越的动力，才有资格成为中南半岛的大动脉。"

4. 立体分布的气候

迪庆属温带和寒温带季风气候，但具有明显的低纬度高原季风气候特征，太阳辐射强，紫外线强，全年太阳总辐射值为118.3～133.7千卡，属中等水平。迪庆气候的地域特点是：季风气候，干湿分明；立体气候，差异显著；区域性，坡向性，旱涝交错。

迪庆高原的气候既具备南亚次大陆广大地区干、湿季分明的气候特征，又兼有内陆性气候特点。长达半年的冬季里，迪庆地区空气变得干燥，晴

一、地理环境

日多,气温低。剩下的半年,来自印度洋、孟加拉湾热带海洋的西南季风和来自南海的东南季风挟带着大量水气涌向云贵高原。尽管受高黎贡山、怒山山脉和滇中高原阻挡后,季风强度大为减弱,但还是较为湿润和温暖。从迪庆的水平气候看,南部较北部暖湿,西南部较其他部分暖湿。由于迪庆地势垂直差异大,热量和水分条件随海拔的升高,也出现垂直性的变化,垂直方向上1000米的气温变化,相当于南北水平层面上1400千米~2500千米的气温变化。于是出现人们所说的:"一山分四季,隔里不同天。"一山浓缩了整个北半球的气候类型。

(1)北亚热带型和暖温带型。指海拔在2500米以下的河谷地区,如德钦县奔子栏镇、燕门乡、拖顶乡、霞若乡,维西县中路乡、维登乡、白济汛乡、康普乡、叶枝镇、巴迪乡、永春乡、塔城镇,香格里拉市尼西乡上桥头村、五境乡、上江乡、金江镇、虎跳峡镇、三坝乡和洛吉乡等。年平均气温11℃~16.5℃,年降雨量300毫米~1096毫米,无霜期220~270天,冬季很少积雪。在这些河谷地区,特别是奔子栏,溜筒江等一带,谷风和焚风效应强烈，年蒸发量远大于降水量，气候变得干燥而闷热，成为燥热河谷。

（2）温带型指海拔在 2500 米～3000 米的冷凉山区，如香格里拉市三坝乡安南村、东旺乡、洛吉乡尼汝村、尼西乡汤满村，德钦县奔子栏镇书松村、云岭乡，维西县攀天阁乡等，年平均气温 7℃～11℃，年降雨量 500 毫米～800 毫米，无霜期 200 天。

（3）寒温型指海拔在 3000 米～4000 米的高寒山区和坝区，如香格里拉市建塘镇、小中甸镇、尼西乡、格咱乡翁水村和德钦县羊拉乡等。年平均气温 4℃～6.8℃，年降雨量 500 毫米～700 毫米，无霜期 120 天～140 天。雾日数较多，气温低，蒸发量小，形成冬冷夏凉的高寒湿润气候。

（4）高寒型指海拔在 4000 米～5000 米的高寒山地，如香格里拉市天宝雪山、石卡雪山、哈巴雪山垭口、小雪山垭口，德钦县白马雪山垭口等。年平均气温 –2℃～6℃，年降雨量多在 800 毫米左右，积雪期长达 8 个月左右。

（5）现代冰川带型指海拔在 5000 米以上的高寒山地，如德钦县梅里雪山、白马雪山、香格

一、地理环境

里拉市巴拉格宗雪山和哈巴雪山等高峰。终年皆高寒积雪,空气稀薄,光照强烈,气温变化大。

5. 多样的植被分布

迪庆州境内地势起伏强烈,环境条件差异显著,植被南北差异和垂直变化突出,大致可划分为6个垂直带:

(1)低海拔干热河谷区植被带,分布在德钦县澜沧江流域各乡、维西县巴迪乡、金沙江流域的德钦县奔子栏和香格里拉市尼西、五境、三坝、洛吉乡等沿江海拔2800米以下地带。山高坡陡,气流对换量小,形成封闭状气候环境,焚风效应显著,年均温14.5～16.5℃,蒸发量一般高于降水量7～9倍。土壤以褐土、石灰土为主。植物有侧柏、金合欢、苦楝、白刺花、土沉香、青刺果、牡荆、仙人掌以及一年生禾本科类杂草等,野生植被多具刺、毛、腊层等,叶片一般很少,以减少叶面光合作用和水分蒸发。栽培树种有核桃、柑橘、油橄榄、葡萄、梨、柿子、黄果等。分布带内气候干燥,植被稀少,覆盖度差,光山怪石嶙峋,土壤侵蚀面积大。

(2)低海拔湿润河谷区植被带,分布在维

西县澜沧江沿岸各乡，香格里拉市上江、金江、虎跳峡等金沙江流域海拔2500米以下地带。地势较为开阔，气流对换量增大，降水量充沛，空气湿度大。土壤以红壤、黄壤、冲积土为主。植被生长条件良好，覆盖率高，主要植被有云南松、旱冬瓜、麻栎、黄栎、青冈、头状四照花、山楸、黄芪、山乌龟等。澜沧江沿岸以阔叶林或针阔混交林为主，金沙江河谷两侧以云南松为主。栽培树种有核桃、桑、桃、杏、李、梅、梨、枣、石榴、板栗、花红、苹果、柑橘、拐枣、无花果等。

（3）中山温凉区针阔混交林带，分布于州境南部海拔2600～3200米、北部海拔2800～3200米之间。年均温度5.4～12℃，气候温凉，降水充沛，湿度大。土壤以棕壤系列土类和亚高山草甸土为主。植物生长较好，植被覆盖度高。植被有铁杉、红豆杉、高山松、华山松、香樟、黄背栎、云杉、箭竹、白杨、杜鹃、旱冬瓜、五味子、珠子参等，林下常伴生有天麻、臭牡丹、苔藓、露水草等。在地势平坦地域，有腋花杜鹃、报春、翻白叶、紫云英、锦鸡儿、狼毒、刺黄连

一、地理环境

以及蕨菜、大狼毒、草血竭、尼泊尔香青等。

（4）高山寒温带云冷杉林植被带，主要分布在海拔 3200～4000 米森林生长带。分布带内雨量充沛，年降水量 800～1000 毫米，气候寒冷，年均温小于 5℃。土壤以棕色暗针叶林土和暗棕壤为主。植被茂密，覆盖率高。植被以云杉、冷杉为主，散生或伴生树种有落叶松、白桦、红桦、杜鹃、山柳、山白杨等，林间或林下常有箭竹、苔藓、报春、绿绒蒿、野韭菜等。

（5）高山草甸植被带，分布于海拔 4000 米以上。冷空气对流频繁，气候寒冷。地势较开阔，土壤以高山草甸土为主。植被以高山耐寒灌丛草甸为主，多为匍匐性灌丛和一年生草本植物。灌丛以小叶杜鹃和高山柏为主，草本植物有草血竭、西南萎陵菜、苔草、牛毛毡、羊茅、针茅、高山龙胆、东方草莓、虎掌草、雪莲、雪上一枝蒿、驴蹄草、画眉草等。此外有大量的苔藓、地衣等分布。

（6）极高山寒冻区荒漠原始土带，分布于海拔 4500 米以上，分布带内天气极寒，光照强烈，土壤以物理风化为主，植被极少，主要有苔藓、地衣、雪莲等极高山植被。

6. 种类繁多的土壤

迪庆的土壤垂直地带因地形高耸、生物性气候发生变化而形成。由基带土壤开始，随着山体升高，依次出现一系列与较高纬度带相应的土壤类型。迪庆土壤垂直带具有从北亚热带到高山寒漠带的土壤垂直带谱结构，呈有规律性的变化。受地形、植被、气候影响，迪庆州土壤构成垂直分布明显，地带性土壤与区域性土壤同时发育，呈"阶梯状"排列分布。在垂直方向上，土壤随海拔的上升，依次出现红壤、黄壤（海拔2600米以下）、黄棕壤（海拔2600～2900米）、棕壤（海拔2900～3300米）、暗棕壤（海拔3200～3700米）、棕色暗针叶林土（海拔3700米以上）、高山草甸土（海拔4000～4500米）、高山寒漠土（海拔4500～4800米）、原始土（海拔4800米以上）；在区域分布上，州境澜沧江流域广布三叠纪腊美组紫色泥岩，即紫色岩发育的紫色土分布区；香格里拉市三坝驮洛～虎跳峡、尼西～五境一线，维西县傈大塘～黑日多～庆福一线，石灰土呈不连续状分布，常被紫色土类或地带性土壤割断；

一、地理环境

在河流两岸,由于受洪积湖积、冲刷堆垒的洪积扇、冲积沟、河阶台地等的冲积母质发育形成新积土。土壤类型有高山寒漠土、高山草甸土、棕色暗针叶林土、亚高山草甸土、暗棕壤、棕壤、黄棕壤、黄壤、红壤、褐土、水稻土、石灰土、紫色土、新积土等14个土类,下分21个亚类,39个土属,73个土种。全州土壤微量元素铜、锌、锰含量丰富,而钼、硼含量普遍较低。全州土壤共分8个等级,1~4级为农耕地,5~7级为园地、林地、牧地、荒地、草地,8级地为冰川雪原、山石裸岩。一级地60234亩,占全州耕地总面积的9.51%;二级地2080503亩,自然土1931281亩,农耕地149222亩,占农耕地的23.56%;三级地6634110亩,自然土6380845亩,农耕地253265亩,占农耕地的39.99%;四级地4305693亩,自然土4139832亩,农耕地165879亩,占农耕地的26.19%;五级地12885874亩,占全州土地面积的37.16%;六级地1475728亩,占全州土地面积的4%;七级地3703276亩,占全州土地面积的10.68%;八级地3528582亩,占全州土地面积的10.18%。

（二）自然资源

1. 珍稀动植物

（1）珍稀植物

"三江并流"区域复杂多样的气候，高低悬殊的地貌，使这里富集古老和孑遗生物"活化石"，是我国弥足珍贵的物种基因库。根据新中国成立以来进行的多次森林资源调查、国家级和省级自然保护区的综合科学考察和专项调查，以及《云南植物志》的记述，经整理分析，全州有记录的植物种类计有：维管束植物196科896属4485种。其中蕨类植物32科72属297种；种子植物164科824属4188种（包括裸子植物6科15属32种；被子植物158科809属4156种）。

依据1999年9月国家林业局和农业部经国务院批准，共同发布了《国家重点保护野生植物名录（第一批）》的规定，全州有15种野生植物属于国家重点保护物种。其中一级保护的有4种，二级保护的有11种。国家一级重点保护野生植物有云南红豆杉、玉龙蕨、独叶草、光叶珙桐；国家二级重点保护野生植物有澜沧黄杉、油麦吊云杉、云南榧树、台湾杉（秃杉、丁茜、金铁锁、

一、地理环境

金荞麦、胡黄连、山莨菪、虫草、松口蘑（松茸）。

依据1995年9月云南省第八届人民代表大会常务委员会第十六次会议通过的《云南省珍贵树种保护条例》附有分布于云南省境内的国家公布的第一批一级、二级珍贵树种名录和本省的第一批珍贵树种名录，在迪庆州境内有分布的国家珍贵树种有秃杉、光叶珙桐、长苞冷杉、油麦吊云杉、澜沧黄杉、云南樟。云南省珍贵树种名录在迪庆州有分布的树种有云南红豆杉、云南榧树。

1989年云南省人民政府以云政发110号文公布《云南省第一批省级重点保护野生植物名录》，名录中在迪庆州有分布的物种有云南红豆杉、三分三、山草果、滇西钻地风、丽江雪胆、毛茛莲花、穿心莲子薦、高河菜、梭砂贝母、似耧斗菜、茄参米、绵参、云南枫杨、岩匙、蝶兰。

（2）珍稀动物

迪庆境内已知的哺乳动物有97种，常见两栖类5种，爬行类18种，鸟类170种，鱼类75种。其中属国家级重点珍稀濒危保护动物有57种，占全国重点保护动物总数的23.2%，占云南省国家级重点保护动物总数的45.7%。其中一类保护动物有滇金丝猴、黑颈鹤等17种；二类保护动物有猕猴、小熊猫、马熊、黑熊、水獭、黑麝、水鹿、藏马鸡等40种。境内还有省级重点保护野生动物6种，占云南省重点保护鸟兽种类的1/3，一类保护动物有石貂、小云猫2种，二类保护动物有狼、毛冠鹿等4种。

依据1989年国家林业部、农业部颁发的《国家重点保护野生动物名录》的规定，本地区有26种。一级保护野生哺乳动物有8种：滇金丝猴、熊猴、豹、云豹、雪豹、林麝、黑麝、高山麝。二级保护野生哺乳动物有18种：猕猴、穿山甲、豺、黑熊、棕熊、小熊猫、水獭、青鼬、石貂、斑灵狸、大灵猫、小灵猫、金猫、猞猁、水鹿、鬣羚、斑羚、岩羊。

依据1989年云南省人民政府公布的《云南省珍稀保护动物名录》，本地区有24种。一级保护动物有6种：滇金丝猴、熊猴、云猫、豹、云豹、雪豹。二级保护动物有18种：猕猴、穿山甲、狼、黑熊、小熊猫、水獭、斑灵狸、大灵猫、小灵猫、金猫、猞猁、水鹿、毛冠鹿、林麝、黑麝、鬣羚、斑羚、岩羊。

一、地理环境

依据2000年国家林业局发布的《国家保护的有益的或者有重要经济、科学研究价值的陆生野生动物名录》,本地区有29种。即中缅树鼩、狼、貉、赤狐、藏沙狐、猪獾、狗獾、黄鼬、花面狸、食蟹獴、豹猫、云猫、野猪、毛冠鹿、赤麂、赤腹松鼠、珀氏长吻松鼠、侧纹岩松鼠、隐纹花松鼠、黑白飞鼠、红白鼯鼠、灰鼯鼠、灰背大鼯鼠、复齿鼯鼠、社鼠、中华竹鼠、豪猪、云南兔、高原兔等。

迪庆州全州记录有鸟类野生动物337种(19亚种),分别隶属于18目,49科。在18目中,以雀形目的种数最多,有199种,占总数的59.1%。其次为雁形目,有24种,隼形目有22种,分别占总数的7.1%和6.5%。以上3个目的鸟类种数占迪庆州鸟类的72.7%。在全州337种鸟类中,有特有种75种,其中:中国西部特有种1种:橙翅噪鹛;中国特有种2种:白腹锦鸡、宝兴歌鸫;西南山地特有种24种:秃鹫、高山兀鹫、白背兀鹫、胡兀鹫、斑尾榛鸡、雪鹑、藏马鸡、黄颈啄木鸟、赤胸啄木鸟、鸲岩鹨、灰头鸫、斑翅鹩鹛、宝兴鹛雀、灰头斑翅鹛、白眉雀鹛、高山雀鹛、棕头雀鹛、纹喉凤鹛、白领凤鹛、红嘴柳莺、乌嘴柳莺、黑脸鹟莺、玉头姬鹟和棕腹大仙鹟；喜马拉雅山特有种1种：火冠雀；喜马拉雅山东部特有种6种：棕肛凤鹛、黄额鸦雀、棕顶树莺、锈胸蓝姬鹟、白眉蓝姬鹟和黄腹啄花鸟；喜马拉雅——横断山特有种34种：血雉、雪鸽、点斑林鸽、灰背伯劳、黄嘴蓝鹊、棕胸岩鹨、栗背岩鹨、黑胸歌鸲、金胸歌鸲、金色林鸲、黑喉红尾鸲、蓝额红尾鸲、长尾地鸫、棕背黑头鸫、黑顶噪鹛、褐鸦雀、棕腹柳莺、橙斑翅柳莺、灰蓝姬鹟、黄腹扇尾鹟、黑冠山雀、黑头第尾山雀、白脸鸭、藏黄雀、暗色朱雀、赤朱雀、点翅朱雀、玫红眉朱雀、红眉朱雀、白眉朱雀、斑翅朱雀、红额松雀、血雀和黑翅拟蜡嘴雀；横断山区特有种7种：四川雉鹑、白点噪鹛、大噪鹛、曙红朱雀、大紫胸鹦鹉、黑头金翅雀和褐翅缘鸦雀。

依据1989年国家林业局、农业部共同颁布的《国家重点保护野生动物名录》的规定，本地区有50种。一级保护野生鸟类有13种：黑鹳、金雕、白尾海雕、白背兀鹫、胡兀鹫、斑尾榛鸡、四川雉鹑、雉鹑、白尾梢虹雉、黑颈长尾雉、绿孔雀、黑颈鹤和丹顶鹤。二级保护野生鸟类有37种：黑

一、地理环境

头白鹛、白琵鹭、大天鹅、鸳鸯、黑鸢、苍鹰、雀鹰、松雀鹰、大鵟、普通鵟、毛脚鵟、(高山)鹰雕、草原雕、秃鹫、高山兀鹫、白尾鹞、蛇雕、鹗、游隼、燕隼、灰背隼、红隼、淡腹雪鸡、血雉、红腹角雉、藏马鸡、白鹇、勺鸡、白腹锦鸡、灰鹤、楔尾绿鸠、大紫胸鹦鹉、灰头鹦鹉、雕鸮、斑头鸺鹠、灰林鸮和白腹黑啄木鸟等。依据1989年云南省人民政府公布的《云南省珍稀保护动物名录》，本地区有保护鸟类35种。一级保护鸟类有11种，都已列入国家重点保护物种。二级保护鸟类有24种，除已列入国家重点保护物种之外尚有灰雁、斑头雁。

2. 高原醉氧吧（森林资源）

迪庆地处全国第二大青藏高原林区范围，是云南省最大林区之一，森林面积达171.31万公顷，森林覆盖率达73.9%，为全省第一。

迪庆的森林资源以云杉、冷杉林为主，其次是云南松、高山松及其他针阔混交林。森林资源呈现出不同的三大地带。一是亚高山区地带，即海拔在3000米以上的整个香格里拉高原和德钦县的白马雪山、梅里雪山和维西碧罗雪山一带，是迪庆原始森林最集中分布的林区，群落林带完整、林象整齐，树种资源丰富，木材蓄积量高。二是海拔在2400米～3000米山区丘陵地带，包括维西县大部分区域和香格里拉市、德钦县的金沙江、澜沧江两江流域的半山区，坡度不大，土层稍厚，雨水适中，气候温凉，用材林、经济林、防护林交错分布，树种资源较为丰富。三是海拔在2400米以下的金沙江和澜沧江流域的河谷地带，地势陡峭，岩石裸露，山坡光秃，降水量少，缺林少木。

按照森林资源的不同作用，迪庆的森林资源可划分为防护林、自然保护区林、经济林、用材林四种类型。分布在金沙江和澜沧江两大水系的汇水坡面，农田附近、公路两侧41度以上坡地即水土流失地带以及香格里拉高原上的内陆河流两岸林木，森林上线的林木、高寒山区的牧场附近森林均划作防护林。全州防护林面积为342210公顷。迪庆的自然保护区林属寒温性针叶林和寒温性阔叶林，在垂直地带由长苞冷杉林、丽江云杉林、香格里拉冷杉林和大果红杉林、高山松林等寒温性针叶林为主，并有以黄背栎为代表的寒温性阔叶林混交。全州4个自然保护区内木材蓄积

一、地理环境

量达2109.9万立方米。迪庆州用材林重点分布在海拔3000米以上、坡度在40度以上便于采伐、不影响水土保持的地区。迪庆的用材林多为成熟林,全州用材林面积为47.5万公顷,木材蓄积量达10616万立方米。

迪庆境内的森林可分为针叶林、阔叶林、竹林、灌木林4个森林植被型,主要的森林类型有:长苞冷杉林、苍山冷杉林、怒江冷杉林、丽江云杉林、大果红杉林、高山松林、云南松林、川滇高山栎林、红桦林、沙棘林。其中长苞冷杉林是迪庆最主要的林种,分布在白马雪山、哈巴雪山、大雪山、小雪山等地。迪庆境内的主要树种还有云杉、云南铁杉、云南松、高山松、怒江红杉、大果红杉、华山松、高山刺柏、侧柏、黄背栎、川滇高山栎、红桦、白桦、山杨、槭树等。

3. 大美在草原

迪庆是云南省最大的天然牧场,草场资源丰富。全州草场总面积达960万亩,可利用面积629.08万亩,人均拥有草场面积20亩,居全省之首。

迪庆州草场资源可分为高寒草甸、灌丛草甸、林间草甸、疏林草场、沼泽草场、山地灌木草丛草场6种类型。其中,高寒草甸草场面积为362.28万亩,占全州草场总面积的39.64%,平均每亩年产鲜草299.01千克,牧草质量好,营养价值高,是迪庆州最大的草场类型。灌丛草甸草场面积为127.66万亩,占全州草场面积的13.97%,平均每亩年产鲜草158千克,单位面积产量低。林间草甸草场面积为117.93万亩,占全州草场面积的12.91%,平均每亩年产鲜草373千克,但布局分散,利用时间短。疏林草场面积为55.61万亩,占全州草场面积的6.1%,平均每亩年产鲜草167.8千克,草场零星分散。沼泽草甸草场面积为9.93万亩,占全州草场面积的1.08%,平均每亩年产鲜草679.2千克,草场覆盖率高,叶层高、产量高。山地灌丛草场面积为240.43万亩,占草场总面积的26.3%,平均每亩年产鲜草358.6千克,草场平均覆盖度为83%。

迪庆州天然草场牧草265种,全州草场资源中优等牧草占25%,良等牧草占20%,中等牧草占23%,低等牧草占15%,劣等牧草占8%,有害牧草占8%,有毒牧草占1%。天然草场主要分布在香格里拉市境内,德钦、维西分布较少。按

一、地理环境

草场类型分,高寒草甸草场主要分布在海拔 3800 米以上的高原地面和高山垂直地带,主要集中分布在香格里拉市的建塘、小中甸、格咱、东旺、洛吉等乡镇,德钦县的高山地带以及维西县的巴迪、叶枝、攀天阁、永春、塔城等乡镇有少量分布。灌丛草甸草场分布在海拔 3800 米～4700 米高山垂直地带及缓坡地带,主要分布在香格里拉市,德钦县、维西县分布较少。林间草甸草场分布在海拔 2500 米～3600 米的山地林缘及林地中间,主要集中分布在香格里拉市的硕多岗、碧塔海,德钦县的霞若,全州其他地方也有零星分布。疏林草场主要分布在海拔 2500 米～3600 米的疏林地带,德钦、维西两县境内分布较广。沼泽草甸草场主要分布在海拔 3200 米～3600 米的纳帕海、硕多岗、碧塔海等沼泽地带。山地灌丛草场主要分布在海拔 1900 米～3200 米的山地地带,全州三县均有分布。

4. 群山蕴着宝

迪庆地处欧亚板块和印度板块的交合部位,著名的"三江成矿带"腹心地带,处于全球地质构造最复杂、岩浆活动最强烈,成矿流体最活跃的资源富集区,也是我国最具潜力的矿产资源富集区。

迪庆矿产资源丰富,种类繁多,现已探明和发现铜、钨、钼、铅、锌、锑、金、银、铁、锡、铍、镉、铋、钴、铟、硫、硒、碲、油页岩、水晶、煤、地热、碳岩、蛇纹岩、大理石、石棉、石膏、石墨、滑石、萤石、陶瓷黏土、砖瓦黏土等金属矿产17种、非金属矿产20种,矿床和矿点达323处。其中,铜、铁资源量占云南省第一位,钨、钼占云南省第二位,锑及铅锌分别占云南省第三位和第四位,非金属矿产中萤石和石膏矿在省内名列前茅。

全州铜矿床和矿点有42处,集中分布于香格里拉格咱普朗、红山、雪鸡坪和德钦羊拉及周围矿区。探明铜金属储量600多万吨,铜资源远景储量可达1000万吨以上。钨、铍、钼矿产资源集中于哈巴雪山麻花坪和格咱休瓦促、萨都格勒矿区,探明钨、铍储量10多万吨,钼储量2万多吨。铁矿资源集中于维西楚格咱、庆福、菖浦塘及德钦江波等矿区,探明储量近1亿吨。铅锌矿主要集中于德钦里仁卡、南佐,维西康普和香格里拉安乐等矿区,探明储量300多万吨。锑集中分布

一、地理环境

于维西巴迪、永春乡白马吉、石门多和攀天阁乡阿南多塘等矿点。金矿主要分布于香格里拉市小中甸甫哥、三坝楚波、格咱普朗和德钦霞若乡采贡龙坡矿区。石棉矿集中分布于德钦县云岭乡贡坡矿区。石膏矿集中分布于德钦羊拉乡那南贡、佛山乡巴美、纳古、升平镇若巴见、云岭乡红坡、南佐，维西石膏坡等矿区，储量可达9亿吨以上。

迪庆矿业开发历史悠久，自唐代以来，就有古人从事采冶活动，新中国成立以来，特别是20世纪90年代后开始形成了一定规模的开发。现已登记各类金属非金属采矿权71个，其中香格里拉42个，德钦3个，维西26个，主要开发利用铜、铅锌、铁、钨、锑、地热、砖瓦黏土等金属矿产和非金属，其中钨、铜矿石选矿设备钼、铍、铜、铅锌金属矿产已建立起部分采选厂，以出售原矿及选后的精矿为主。安乐铅锌矿、雪鸡坪铜矿、红山铜矿、江坡铁矿、羊拉铜矿等部分矿山企业实现了规模化生产，主要金属矿山的选矿回收率达到了80%以上。到2015年底，迪庆州规模以上矿产采选及加工企业数达到10户，实现工业增加值95243万元，其中，黑色金属矿采选业实现增加值25082万元，有色金属矿采选业实现增加值55982万元，黑色金属冶炼和压延加工业实现增加值13750万元，有色金属冶炼和压延加工业实现增加值429万元。规模以上矿产采选及加工企业工业增加值占迪庆州工业增加值的33%，成为迪庆州第一大工业产业。"十二五"时期，迪庆州累计生产铜精矿含铜101252吨，铁合金331239吨，铁矿石原矿750.36万吨。在不断提高矿产品产量的同时，钼、铍等新的金属品种开始起步发展；产业集中度进一步提高，云铜集团、昆钢集团实现销售收入占矿产业的20%以上；神川矿业、雪鸡坪铜矿、德钦高原矿业、庆福铁矿、菖蒲塘铁矿等一批民营非公企业，已成为迪庆州矿产业发展的中坚力量。

5. 众水流着金

迪庆是"三江并流"水资源最富集的地方，全州水资源总量为119.7亿立方米，可利用量达95.7亿立方米，水能资源开发潜力巨大。金沙江和澜沧江纵贯全境，两江水系共有221条支流，水能蕴藏量达1650万千瓦，占云南省水资源总量的15%，全州可开发利用水能资源在1370万千瓦

一、地理环境

以上。

金沙江在迪庆境内流程430千米,落差达800米,多年平均流量为1200立方米/秒,水资源理论蕴藏量941万千瓦,澜沧江在迪庆境内流程250千米,落差800米,多年平均流量660立方米/秒,水能资源理论蕴藏量达517万千瓦。还有"两江"水系221条支流可开发168万千瓦。境内硕都冈、尼汝、腊普、珠巴洛、丹达曲、永春等10条一级支流及流量在0.1~7立方米的221条支流(不含澜沧江、金沙江干流)流域面积23870平方千米,多年平均流量389.37立方米/秒,年径流122.8亿立方米,河道总长870千米,河道比降4.4~41.6‰,可利用落差200~1470米,水能理论蕴藏量280.60万千瓦。

1963年,迪庆境内首座小型水电站——思伟电站建成(早已废弃),装机容量424千瓦,年发电量106万千瓦,20世纪70年代,先后建成了维西新乐电站、尼西汤满河等电站,装机容量5000千瓦,20世纪80~90年代,先后建成阿东、冲江河等一批中小型水电站,装机容量达117909千瓦,年发电量39210万千瓦小时。"十五"期间,先后建成维西板栗园、螺丝湾、吉仁河、拉嘎洛等一批中型电站,全州总装机容量达22.43万千瓦,年发电量达80054万千瓦小时,实现了村村通电,建成110千伏变电站4座,35千伏至110千伏输电线路823千米,10千伏及以下线路7657千米。截至2015年底,全州已建成中小水电站达73座,总装机容量128.3万千瓦;在建中小水电站有19座,装机容量57.4万千瓦,在建"两江"干流大电站有梨园、里底和乌弄龙三个水电站,总装机容量281万千瓦;筹建中小水电站有24座,装机容量78.4万千瓦。正在做前期工作的干流大电站有澜沧江托巴和古水两座,总装机容量320万千瓦,准备做前期工作的有金沙江旭龙、奔子栏和龙盘3座,规划总装机容量822万千瓦。目前有近40家企业在境内开发水电产业。

6. 地方名特产

特殊的自然地理和历史文化,使得迪庆州拥有众多的地方特产。如青稞、冬虫夏草、天麻、贝母、红景天、松茸、羊肚菌、雪茶、鹿茸、麝香、雪莲花等自然特产。又如青稞酒、酥油茶、牦牛肉、木制品、陶制品、银制品、藏药等特产。

一、地理环境

青稞　青稞是藏族人民最主要的粮食作物，栽培历史悠久，种植面积广。青稞籽营养丰富，蛋白质含量达到15%左右，并且是葡萄糖含量最高的粮食作物。同时，晾干后的青稞的茎和叶又是家畜过冬的最好饲料。青稞籽经炒熟后研磨为粉状，称"糌粑"。青稞分白青稞和黑青稞，青稞糌粑也分为白青稞糌粑和黑青稞糌粑。由于其青稞品种、磨具、加工方式不同，其种类及口感也不尽相同。一般分为干炒糌粑和水淘糌粑，青稞未加水浸糅，直接干炒磨出，其出粉量较多，味道较劣，谓干炒糌粑。青稞经加温水浸糅，再炒熟磨出，味道鲜美，称水淘糌粑。

青稞酒　青稞酒已有千年的历史，是迪庆各族人民喜爱的白酒,用高原特有的青稞酿制而成。青稞酒酒色纯净，清香扑鼻，酒味绵软柔长。每逢客人来临，主人必先捧出青稞酒。青稞酒夏能提神，冬能驱寒，让人回味绵长。在婚宴或喜庆宴会上，主人高唱一曲"祝酒歌"，客人答唱一首"赞酒歌"，热烈而又温馨，这就是古老而常见常新的青稞酒文化。迪庆如今已开发出一系列青稞酒产品，有青稞窖酒、青稞礼品酒、青稞虫草酒、青稞干红干白酒。

牦牛　牦牛是青藏高原独有的家畜之一,牦牛驯化技术可以称为藏族独享的生物科学技术。牦牛躯体高大,心、肺发达,肌肉紧凑,身长腿短,筋骨结实,体侧腹部和四肢的披毛柔软厚密。牦牛采食性能良好,它能爬高山峭壁、可涉沼泽、可在冰上行走。它丰富的成毛和发育很好的皮下结缔组织、汁腺,都有利在高寒低温下生活。公牦牛多肉还可役用,母牦牛产奶。由于牦牛主要食用野生草料,所以牦牛肉及奶和奶制品都是天然有机食品,受到美食家的追捧。

酥油茶　酥油茶是藏民生活中不可或缺的饮品,其制作过程较为复杂,将特制的茶叶熬成汁,加以酥油,食盐和精制的核桃及麻子冲成的粉末,用茶桶搅拌成水乳交融状,才是上好的酥油茶。迪庆高原气候寒冷,酥油茶具有极高的热量,醇香可口,喝上一口,精神顿爽。初喝酥油茶,第一口味觉独特,第二口醇香流芳,第三口永世不忘。千百年来,藏族人民创造了酥油茶文化。还会举办青年男女参加的茶会活动,将交友、离别、爱情等情感贯穿于酥油茶中。

一、地理环境

冬虫夏草 在迪庆海拔4000米左右的雪山草甸上,生长着冬虫夏草俗称虫草。虫草是一种真菌,一般在夏秋季节进入虫体,昆虫越冬期间,虫草菌能在虫体内繁殖,翌年夏季从虫体中长出杆状植株来,故称"冬虫夏草"。冬虫夏草是我国医药宝库中的一味珍贵的中药材,常常把它与人参、鹿茸列为三大补品,也是独产藏区的名贵药材。根据医典记载,虫草性甘、温、入肺、肾,具有益精气,止咳化痰的功效。主治咯血,阳痿遗精,腰膝酸痛,自汗盗汗,痰多喘咳,病后久虚等症。

天麻 天麻,又名赤箭,定风草,水洋芋等,是名贵药材,对头痛、眩晕、肢体麻木、小儿惊风、癫痫抽搐、破伤风、高血压、口眼歪斜等有极好的疗效。迪庆是云南省天麻主产地之一,迪庆天麻个大、完整、饱满、包黄白、明亮,质坚实,无空心,品质优良。天麻,原意为"天生之麻",只能野生,不能种,但近年来,迪庆人工天麻种植取得了成效,以天麻为主料的天麻片、天麻补酒,成为热销商品。

贝母 贝母为多年生草本植物,生长在海拔4000米以上的雪山草甸、灌丛、草坡,植株矮小,颗粒圆滑,形如珍珠。迪庆常见的贝母有川贝母、梭砂贝母和粗茎贝母3种。盛夏,雪山冰雪消融,草甸百花萌发,是采集贝母的最好季节。贝母味甘苦,性微寒,具有润肺、沁脾、止咳、化痰和止血等神奇功效。

红景天 红景天藏语称"所罗玛波",是具有很高药用价值的植物,分布在香格里拉市海拔在3600米以上的高山流石间,有15个品种,产量高的有大花红景天和长鞭红景天,多成片生长。红景天全株可入药,以根和茎为主。主要有效成分有红景天甙及酪醇,此外还含有淀粉、蛋白质、脂肪、鞣质、黄酮类化合物、酚类化合物及微量挥发油和少量生物碱。经过研究,红景天可广泛应用于抗疲劳、抗衰老和提高脑力和体力机能等方面。藏族人民利用红景天的历史很早,在《晶珠本草》《藏药图鉴》中均有记载。藏民常用红景天来治疗缺氧、肺病、肺炎、支气管炎、口臭、咳血、咯血、妇女白带等症。

松茸 藏语称"毕沙",属伞菌口蘑科。全州高海拔地区均有分布,主要产于海拔3000米~3500米左右的亚高山针叶、阔叶林,每年7~10

一、地理环境

月为收获期。迪庆松茸以"菇体肥大肉质细嫩,香久味浓,色泽好"而闻名中外,远销日本等国。松茸富含蛋白质、脂肪、粗纤维和水分,并含有丰富的维生素,具有强身健胃、理气化痰、驱虫和抗癌等特殊功效,是家庭和宴席配餐的珍品。全州松茸年产一般在500吨左右。

羊肚菌 羊肚菌是著名的野生食用菌,全州大部分林区都有分布。其外形似羊的胃(当地人称羊胃为羊肚子),故称为羊肚菌。羊肚菌不仅营养丰富,味道鲜美,而且是治疗消化不良,痰多气短的中药。羊肚菌的营养相当丰富,据测定每100克干羊肚菌就含有蛋白质24.5克。因此,是"十分好的蛋白质来源",并有"素中之荤"的美称。迪庆的羊肚菌产量大,无污染,除了销售到国内外市场,当地藏民还将其烘干以做节日的佳肴,款待远方的客人。

雪茶 藏语称"夏软"或"岗槚",为地茶科地衣类植物,分布于迪庆州境内海拔3000米~5000米的草地、石面上。雪茶集中分布地,远看犹如一层寒霜铺地。雪茶形状为长圆条形,长30毫米~70毫米,粗1毫米~3毫米,两端渐尖,有单一或小刺状分叉，体表有凹纹，中空。颜色为灰白色。雪茶是高原藏区特有的药物，主治热病、口干、神疲、眼花，能清热、醒脑、生津、明目，有抗炎、解热等功效。

雪莲花　藏语称"岗拉梅朵"，是菊属植物，高10厘米～30厘米，全体披白色长棉毛，远观似一棉团。花期6～9月。主要生长在海拔4200米～5500米高山流石滩间，迪庆境内有绵头雪莲花、水母雪莲花、三指雪莲花。雪莲花清热解毒，止热痛、补肾壮阳，调经止血。主治雪盲、牙痛、风湿关节炎、妇科疾病等。新鲜植株可外用，治疗创伤出血。

鹿茸　迪庆有马鹿、白唇鹿、水鹿3种。分布在州境内各大林区。3种鹿中以马鹿茸最佳，其次是白唇鹿和水鹿。鹿茸中含有丰富的鹿精、挥发性脂肪酸和硬骨素、鹿茸脂酯、胆固醇等，其主要成分是雌甾醇（雄性激素）及骨质、胶质、蛋白质、钙、磷、镁等。主要作用是增强机体的各种机能。如利尿、促进血球新生、促进溃疡及创口愈合等作用，并有生精补髓、益血助阳、强筋健骨之功效。

一、地理环境

麝香 迪庆是云南省麝香主产地区之一,全州各乡镇均有分布。主要有马麝和喜马拉雅麝。马麝栖于海拔3000米~4000米高山顶草甸、杜鹃灌丛、裸岩、可爬峭壁,晨昏时到高山顶草坡、森林边缘一带觅食,体型较大,毛色沙黄淡褐色。喜马拉雅麝多栖于针阔混交林和针叶林带,体型较马麝稍小,毛色深褐。麝香为雄麝的肚脐和生殖器之间的腺囊内存分泌物,干燥后呈颗粒状或块状,有特殊的香气。麝香为中枢神经兴奋剂,外用能镇痛、消肿。主治肾病、肝病、炎症、肠虫、疮疡、跌打、毒蛇咬伤、麻风等疾病。据史料记载,在中东一带的古波斯国的古代波斯教中,麝香是祭祀必备的香料,而藏区东部三江并流地区的麝香又是最上品,因此历史上有名的"麝香丝绸之路"就包含了迪庆地区。

木制品 迪庆藏族最喜用藏族传统木制品作为生活用具,如木碗、木盒、糌粑盒、银木碗、木碟、雕花藏桌等,其造型古朴典雅。特别是香格里拉市尼西乡上桥头盛产的木碗,色如琥珀,经久耐用,远销西藏、四川、甘肃等藏区。其中用蒿枝根瘤制作的木碗最为名贵,质地精美,纹路透亮,再辅以银饰，就品高价昂了。

  陶制品　　在迪庆藏族自治州维西县塔城镇的戈登新石器遗址，发掘出的陶器遗物；在香格里拉市尼西和德钦县纳古等石棺墓中出土的西周及春秋战国时期的双耳土陶罐等，出土遗物都证明迪庆地区土陶制造历史悠久。今香格里拉市尼西乡生产的黑陶器皿如土锅、土火锅、酥油茶罐、茶壶、土炒锅和土陶火盆等，所承袭的都是古老的生产工艺。用尼西土陶器皿烹饪的食品色鲜味美，迪庆藏族都使用尼西土陶器。随着旅游业的发展，迪庆土陶产品已经成为市场上的抢手货。

  银制品　　迪庆藏族喜欢的银制品种类繁多，仅宗教用品如佛塔、佛像、佛龛、佛器就有20多种，民间日常用品有银制八宝图、银护身佛盒、耳环、手镯、银腰带、银包木碗、银刀、银铃针线筒、银器玉石碗座等。这些银制品还倍受广大游客的青睐，具有极高的欣赏和收藏价值。

二、历史沿革

（一）历史起源

1. 迪庆民族的起源与形成

在漫长的历史岁月里，藏、傈僳、纳西、汉、白、彝、回、普米、苗、怒、独龙等民族，历尽千辛万苦，用辛勤的劳动，共同开发了迪庆高原。尽管历史上有过民族压迫，但在同国内外敌人的斗争中，在开发迪庆的经济生活中，共同的命运又把各族人民连结在一起。经济上的互相依存，文化上的互相交流，推动着迪庆各族人民的进步与发展，孕育了灿烂的民族文化。这里的各民族都相对保持了自己民族传统习俗，而又相互贯通融合，你中有我，我中有你。民间广为流传的许多动人的故事和传说，生动地反映了各民族间源远流长的同胞亲情和美好的团结愿望。纳西族史诗《创世纪》中记载，藏族、纳西族、白族是上古崇仁丽恩和衬恒保白命的同胞兄弟；彝族最古老的故事《居木乌乌》也说汉族、彝族、藏族是居木乌乌和天女所生的同胞。

远在两汉前，迪庆境内就有普米族的先民白狼、傈僳族的先民卢蛮、纳西族的先民姐羌居住。唐初，吐蕃南下，藏族逐渐成为迪庆的主体民族。在清康熙年间，清王朝在迪庆地区设市通商贸易，蒙、藏、汉、白、纳西等民族的马帮络绎于途，内地汉、回同胞不远千里来到这里发展贸易、开发矿业，并长期留住迪庆，同藏族通婚。清咸丰年间，滇西回民起义失败后，一部分起义军转移迪庆避难，各族人民尊重他们的宗教信仰，让回族兄弟能够在迪庆安居乐业。继后，苗、彝、独龙、怒等民族也陆续迁入迪庆。这种各民族间的交往促进了迪庆经济文化的发展，也加快了这一地区的封建化进程。居住在迪庆这块土地上的各个民族，不论民族大小、人口多少，为开拓这块土地，各自都做出了应有的贡献，迪庆是个各民族和睦相处的民族大家庭。

2. 考古发现与岩画及图腾

1958 年～1966 年，云南省地质工作者在香

二、历史沿革

格里拉市小中甸镇西部高原面上,发现了大量打制石器。1958年,云南省的考古工作者在维西县塔城腊普河畔戈登村发现了一处新石器遗址,之后的40多年,又先后在迪庆境内金沙江和澜沧江流域沿岸发现了多处新石器遗址,当时的居民已开始从事原始农业生产。说明新石器时代,迪庆境内人类活动更加频繁。

1974年以来,在德钦县澜沧江沿岸的永芝、纳古和香格里拉市的尼西克香、奔东,东旺比吓及金沙江河谷沿岸的车轴等地发现了大量的石棺墓葬,文物考古工作者先后对其中的部分墓葬进行了发掘,出土文物证明距今二三千年迪庆地区已经进入氏族社会,这里的土著先民已成为云南青铜文明最早的创造者之一,同时他们与内地和沿海地区已发生交往,并对西藏的青铜文化产生了重要影响。

20世纪80年代以来,文化、考古工作者在流经迪庆境内的金沙江两岸发现了大量的古岩画遗存,经中外学者对这批岩画的研究认为,这些岩画的制作时代当在旧石器时代晚期至新石器时代早期,其经济形态为早期狩猎阶段,这些岩画的主人创造并留下了云南最早的原始艺术。

以上史料证实,在唐代以前迪庆地区除石棺墓的主人,也就是土著人之外,还有白狼、姐羌等古代部族部落居住。约在周宣王三年至周灵王二十七年(公元前825年~前545年)时期,西藏高原象雄部落的一部分移民进入了滇西北地区,同时苯教也传入滇西北地区。

2006年2月至3月,迪庆州文物管理所对境内金沙江岩画进行了较全面的考查。迪庆州境内金沙江岩画分布于香格里拉境内北纬27°17′738″~27°49′237″,东经99°52′224″~100°17′233″的金江车轴至三坝渣日金沙江流域长约250千米,宽约40千米的狭长地带内。目前在金江车轴,洛吉,三坝渣日共发现25个岩画点,总面积达461.57平方米。岩画采用凿刻、描绘、涂绘等三种技法绘制而成,描绘的颜色有红、黄、白、黑、蓝五种,以褐红色为主,描绘、涂绘的岩画以描绘当地古时的野生动物马鹿、獯羊、岩羊、山驴、野牛、野猪、熊、猴、麂子、鸟和人物为主要内容,附带有少量的似为表示水流或道路,或表示数字的符号、图案。多为单线描绘,也有

少量采用双线或多线勾绘的。凿刻的为硬器刻画,多为线刻,岩画内容主要是人物及日月星辰和植物图案符号。有的画风古朴,有的则线条流畅,使所画之物栩栩如生。其中尤以洛吉俄里仙人洞、花岩、渣日花吉足、尼可见、白云湾、川卡若等地点的岩画面积最大,保留最完整。其中又以孔家坪的凿刻岩画与纳西东巴文化有一定的联系。对于岩画的年代,尚待进一步考查研究。

(二)建制沿革

1. 白狼楼簿越嶲郡

汉代,迪庆地区开始出现在汉文字记载中,据《后汉书·本纪》记载:汉明帝永平十七年(74年),西南的哀牢、儋耳、僬侥、槃木、白狼、动黏等部落都十分仰慕汉朝的繁荣,先后向汉王朝朝贡,其中的白狼居住范围含有迪庆部分地区。秦汉以后,境内为白狼、濮㺍、庐卢诸种相错而居,不相统属,或定居,或随畜迁徙,无大君长。汉和帝永元十三年(101年),牦牛徼外白狼、楼簿等部17万口归附,境内民族与中原政权有了联系。汉代设越嶲郡,维西县境为越嶲徼外地。汉顺帝(120~131年)末时,种暠出任益州刺史,宣传汉朝的威德，白狼、槃木、唐菆再次归顺了汉朝。三国（220～265年）、两晋（265～420年）、南北朝（420～589年）至隋代（581～618年），香格里拉属附国地，为白狼及姐羌部落所居。维西属附近郡县所羁縻（遂久县、西姑复县、云南郡）。直到隋代，白狼部落一直生活在滇西北、藏东南和川西南地区。唐代，樊绰所撰的《云南志》中所记的"顺蛮"即是白狼人的后裔。

2. 吐蕃南下占神川

唐初，武德四年（621年），唐朝在云南姚安设置了姚州都督府，下辖羁縻十三州，其中一个就是"神州都督府"，"神州"地即在滇西北的维西其宗。"神州"所管辖范围包含了今迪庆州的维西县、香格里拉市和丽江市玉龙县接壤地带的大部分地区。仅隔了12年，唐贞观七年（633年），兴起于西藏山南的雅笼部落统一了西藏地区，建立了吐蕃王朝（以下简称吐蕃），制定了法律、税制，统一了度量衡，划分了行政区，组建了部队。社会的变革促进了经济的发展，吐蕃国力迅速强大起来，于是，当时的吐蕃王松赞干布便命令太子贡日贡尊留守本土，自己率军向东扩张。

二、历史沿革

贞观八年（634年），松赞干布统治康区，对诸羌（指原来居住着的其他部族）实行蕃化政策，并以青海玉树贝嘉德十二部为主力，组成中勇部，首先向东南方展开了攻势，进兵攻击白狼诸羌，占领了藏区东南缘的滇西北迪庆地区。

麟德至仪凤年间（664～679年），吐蕃以神州为基地，进而攻克了滇西北广大地区。咸亨元年（670年），吐蕃将大军屯驻在独克宗（香格里拉古城）和腊普宗（维西塔城），在其宗设神川都督府，并派"论"一级的高级官员随军督制，称为神川都督。仪凤三年（678年），滇西北大理洱海地区的许多部落都归降了吐蕃。

在此前后，吐蕃在香格里拉市木高你嘎阁与丽江市玉龙县塔城之间的金沙江上架设了铁索桥，史称"神川铁桥"或"吐蕃铁桥"，并在独克宗与腊普宗建立铁桥东西二城。在这一时期，吐蕃的军事制度仍沿袭着原始部落时期的制度，即以氏族集团为基础的全民皆兵制，实行军事、政治与生产三位一体，战时从军，平时耕牧。发生争战时，除老弱病残外，全部落都介入。

吐蕃在迪庆屯驻了两个千户，频繁的军事行

动与人民迁徙,使迪庆地区人户不断增加,铁桥附近居民曾达数十万众。迪庆成为吐蕃重要屯兵垦牧之所及节制滇西北地区,与唐王朝抗衡的军事要塞,同时也成为疏通滇藏经济、贸易、文化之要衢。

永昌元年(689年),西洱河地区(今洱海地区)原归降吐蕃的25个部落叛离。长安三年(703年)冬,吐蕃赞普赤都松亲自率军攻下南诏(在今巍山县一带),推行政令于南诏,南诏向吐蕃缴纳赋税,滇西北大部分地区都纳入吐蕃的统治之下。

开元二十六年(738年),在地区争斗中不甘示弱的唐王朝支持南诏统一六诏(指原盘踞于今大理地区的其他地方势力集团),次年唐王朝册封皮罗阁为云南王,以牵制吐蕃在该区域的发展。在唐王朝的支持下,南诏在统一六诏的过程中,逼使邓川、姚安、剑(川)浪(穹)之弄栋、磨些、卢蛮(施蛮)、顺蛮迁居铁桥上下。这样,迪庆地区就成为吐蕃、南诏、唐王朝都十分关注的地区。

天宝九年(750年),唐王朝派驻的云南太守张虔陀强暴南诏王阁罗凤之妻,被南诏王阁罗凤杀死,剑南节度使鲜于仲通便以此为由率兵讨

二、历史沿革

伐南诏，反被南诏在吐蕃的支持下打败。天宝十一年（752年），阁罗凤臣服吐蕃，吐蕃封阁罗凤为赞普钟，称东帝，颁给金印。

依据既定政策，吐蕃神川都知兵马使为了遏制南诏势力，扶持不服南诏统治的邓赕、浪穹、施浪三诏，集聚数万之众，培育出南诏的心腹大患。当时南诏人口众多，军队也有几十万，吐蕃每次向唐朝边境进犯，都要抽调南诏军队为前锋。作为宗主国，吐蕃向南诏收取重赋；时或夺取南诏的一些险要地方建立城堡，还派南诏军队协助吐蕃防守，加重了南诏的负担，也极大地损害了南诏的安全和尊严。凡此种种，加深了南诏与吐蕃的矛盾，加之南诏王也是极具扩张野心有着非凡谋略的人物，因此双方决裂的时代很快就来到了。

贞元三年（787年）正月，南诏王异牟寻派人到西川节度使韦皋那里要求内附。贞元九年（793年）十月，韦皋派他的节度巡官崔佐时带着诏书到云南去见异牟寻，十年（794年）正月五日，异牟寻率其子寻梦凑等与崔佐时在点苍山神祠见面，表达了归附唐朝的决心。这时恰逢吐蕃因争夺北方土地与回鹘大战，部队死伤很重，便派使臣要求南诏王异牟寻派兵参加北方战争。南诏王异牟寻佯装国力贫弱，请求仅出兵三千人。吐蕃使臣要求增至五千，南诏王勉强答应派兵五千人众北上。实际上，南诏将领则率数万军队悄悄跟在五千北上部队后面，不分昼夜赶到铁桥，乘吐蕃不备，袭击吐蕃军队于神川，砍断了铁桥，并请韦皋的使者检阅他所虏获的人马及城堡，以取悦于唐王朝。当时，南诏夺取了原属吐蕃的铁桥十六城，俘获吐蕃所管辖区里的施蛮、顺蛮、磨些等五个王，归降的人民有十余万。

贞元十一年（795年）七月，南诏再破吐蕃，夺取昆明城（今盐源）和施蛮、顺蛮（今维西境），将施蛮、顺蛮王安置在白崖，把他们的人民安排到今永胜、华坪一带。将磨些蛮迁徙到昆川（昆明、澄江）等地。十五年（799年），吐蕃引兵五万攻袭云南，被剑南道西川节度使韦皋率兵打败，吐蕃军队士气低落，退至铁桥，又被南诏在水中投了毒，毒死了吐蕃很多人马，吐蕃退守三泸水——三江并流地区。

贞元十七年（801年），南诏与韦皋联兵，再次大破吐蕃，吐蕃退屯纳川（今香格里拉市建

二、历史沿革

塘镇)。南诏在丽江塔城设置铁桥节度,派兵守御,铁桥东城与神川至铁桥节度之间,一度成为无人管理的散地。此后,吐蕃的势力退回到香格里拉高原和维西塔城以北一线,维西部分地区改属南诏铁桥节度。唐僖宗乾符年间(874~879年),南诏合并宁北、铁桥二节度地设剑川节度使,维西的部分地区归属剑川节度地。

会昌二年(842年),吐蕃赞普朗达玛灭佛被刺身亡,吐蕃分裂。咸通十年(869年),吐蕃全境爆发平民奴隶大起义,至乾符四年(877年),吐蕃贵族连同各地军政建置全被平民奴隶起义大军横扫一空,吐蕃奴隶制王朝崩溃。

3. 宋代有个"花马国"

在吐蕃向外扩张的初期,迪庆是吐蕃设在滇西北的重要军事要塞,吐蕃派有贞伦官率领的军队,分布于迪庆各地。贞伦是吐蕃统领边界巡防军队的大臣,他率领的负责侦察境外敌人动向任务的官员称为"期苏",在境内负责侦察并维护治安的官员称作"诺苏"。乾符四年(877年)后,吐蕃驻迪庆地区的军政机构虽已崩溃,但其派出的边境巡逻部队仍然驻守在这里,担任着巡逻与收集军事情报的工作,并控制着整个地区的形势,也就是说,"诺苏"官员在迪庆一直得到存续。吐蕃王朝崩溃后,吐蕃的巡边军官便成了"没有赞普的命令不得返回的人"。至宋朝,中甸、德钦藏区与整个藏区一样处于分裂割据局面,而这些巡边军官便成为割据政权的首领。

宋太祖乾德三年(965年),大将王全斌攻下四川,并献绘有西南地区的地图给皇帝,请求下令乘势夺取大理国(主要在今云南)。宋太祖却认为唐朝之所以灭亡,祸端在于大理政权,指着地图上的大渡河说:"此外非吾有也。"也就是说,历史上宋朝的南部边境是以大渡河为界,大理国政权依然存续;又由于丽江一带磨些部落的强大,将迪庆与大理政权隔绝,大理政权势力也未能到达迪庆藏区。维西则属大理国成纪镇,名罗衺间(读作拉培),由磨些大酋统辖,号"花马国"。

4. 元跨革囊始建制

宋理宗宝祐一年(元宪宗三年,1253年),后来的元世祖忽必烈征大理,南下到达今阿坝松潘后,便兵分三路进兵云南。10月,大将兀良合

二、历史沿革

台率西路军从巴塘进至建塘（今香格里拉），又顺利翻越雪山到达金沙江边，麽些两个部落的酋长唆火脱因、塔里麻投降并迎接兀良合台。之后元军乘皮囊从五境春独至金江天吉礼都一带泅渡金沙江，兵锋直指大理国。

攻下大理后，忽必烈十分重视对其后方交通要塞建塘（今香格里拉市建塘镇）的经营。至元六年（1269年），在小旦当（今小中甸镇）设立马站，设立站户500户，派兀都蛮率蒙古军镇守旦当。至元十四年，于金沙江两岸设巨津州、于罗衰间设临西县，隶巨津州；香格里拉市沿金沙江一带属巨津州，隶丽江军民总管府；十五年（1278年）置宝山州，香格里拉市三坝白地、瓦刷、哈巴、江边一带属宝山州，亦隶丽江军民总管府。

至元三十年（1293年）六月，元世祖忽必烈下诏云南旦当（今香格里拉）划属宣政院辖地，属吐蕃等路宣慰使司都元帅府（亦称朵甘思）。至正二十二年（1362年）二月二十三日，皇帝下诏，委任云丹坚赞为察翁格奔不（另译察瓦岗、奔不、相当于今左贡、芝康、巴塘一带）地方招讨司招讨使，管理包括迪庆藏区大部地域在内的各地的达鲁花赤(集军政大权于一体的长官)、万户、千户、百户、什户的官员(土司)、和尚、苯教徒(不同身份的宗教职业者)、寺院部众、士兵、站赤、诸部落头领、百姓。监督完成一切差发、站户、军户地税、商税的征收等诸项事宜。至顺二年(1331年)二月,豫王阿剌忒纳失里至中甸,安辑人民。

藏历第六饶迥木马年(1354年),西藏第司帕木竹巴大司徒绛求坚赞全面控制了整个藏区,他不仅在宗教方面的建树广大,而且制定良善的法律,迎来了"老妇携金,走遍西藏而不必担心强梁"的圆满时代。

元末至正十四年(1354年)至明初洪武四年(1371年)这一时期,西藏帕木竹巴政权势力到达今迪庆藏区。就是这个时期,帕木竹巴政权在迪庆地区推行了"舒卡"制度。帕竹噶举派在中甸百鸡寺建造帕竹噶举寺庙,称为"拉克",寺中供奉有佛教大神。

元代,元朝完成了对全国藏区当然也包括了对迪庆藏区的有效管理,广大迪庆人民与其他藏区人民一样从情感上建立了对中央王朝的感情。

5. 木氏土司留遗址

明洪武十五年（1382年），元末任丽江宣抚司副使的阿甲阿得归顺了明朝，得到皇帝钦赐的木姓，明太祖命他世袭丽江土官知府。当年三月，设丽江府，领四州一县，县即临西县（今维西县）。

洪武十九年，巨津州土酋阿奴聪"反叛"，次年被丽江土知府木初擒斩，以原任土司知阿载接任土知州。不久，阿载即以强大的实力向临西扩张，取代临西土知县而"兼管县事"。明洪武二十九年（1396年），明太祖下诏命丽江土知府以怀柔的政策控制西番（西番泛指以藏族为主的西部各少数民族），并授予木氏土司按照明朝的既定方针，灵机应变，相机行事的权利，这样木氏土司就享有了染指藏区事务的中央政府指令。

明洪武三十年（1397年），丽江府改为军民府，临西一直归其管辖。明永乐四年（1406年）春正月，丽江木氏土司木初会同锦衣卫镇抚司指挥使朱程到中甸、维西开设杨塘、镇道二安抚司，剌何场长官司，以阿密、末吉为杨塘、镇道安抚使。同年四月，永宁把事到香格里拉东部洛吉中村设革甸长官司，辖香格里拉洛吉、东坝及稻城东尼、木里俄雅一带。同年十月，麽些土酋阿奴弟进京朝贡，要求设立剌和庄长官司，经朝廷允准，在维西县境设立剌和庄长官司。

从正统二年（1437年）起，至景泰（1450~1456年）、天顺（1457~1464年）的27年间，宝山州白地、巨津州临西、中甸江边一带屡遭藏族地方武装骚扰抢劫。以此为借口，从成化四年（1468年）起，木氏土司首先向为习（维西）你那发动进攻，进而分三路向维西、中甸、鼠罗三方面发动进攻，木氏土司及统领的军队经86年与各藏族地方势力反复争夺，至嘉靖三十二年（1553年），占领中甸东旺天生寨（满布江仲），占领了迪庆全境，并建立起以木氏家族为核心的领主庄园。修建于香格里拉市小中甸的木天王宫（年各年脑寨），既是木氏土司在藏区最大的领主庄园，又是军事指挥部。遍布全州的寨堡即是大小庄园。木氏把子女、亲信派到各个庄园委以大小"木瓜"，执掌军、政大权；委归顺的当地土目为"百虽"（村主任）管理百姓；在统治区域内加重税负以"耕地征一、荒地征二"的政策刺激开荒，扩大耕地；致使有的农牧民"无田可耕，惟纳毛牛银为税"；

二、历史沿革

强令在高寒藏区开渠引水,播种稻谷,强征徭役,为其采挖金、银、铜。木氏土司还制定了"民间匿铢而皆死"的苛法,搜刮民财,以致丽江王府"贮金数十库"。又用掠夺到的大量金、银财宝向明王朝进贡,诰封讨赏;捐资兴建衮钦寺(即甲夏寺,又名丽江寺)、百鸡寺、大宝寺、格咱寺、纳格拉寺等大批噶举派寺庙;不断布施黄金、白银、黄铜、茶、布等大批资财给寺庙;与噶举派高僧合作,以9年时间在中甸耗巨资刊刻完成108卷的《甘珠尔》藏文大藏经——即为后世称颂的"丽江——理塘版大藏经"。借此与噶举派结成密切的政教互惠关系,以藏传佛教为工具维护其在藏区的统治。

6. 和硕特部治迪庆

明崇祯十二年(1639年),蒙古和硕特部固始汗以护教为名领兵进入康区,消灭白利土司,同时击败木氏土司在康区南部的军事力量后,蒙古和硕特部军队及西藏格鲁派势力不断向中甸推进和渗透。

由于木氏土司残酷的政治压迫与经济剥削,迪庆藏区部分土酋及民众,暗地与西藏地方政府和蒙古和硕特部头领有了书信和人员往来。于是，固始汗派出部队，于康熙六年（1667年）占领迪庆藏区，在德钦、中甸设宗并委派迪巴、宗官管理地方，征收赋税汇解到青海蒙古和硕特总部。

康熙十二年（1673年），蒙古头领洪台吉到巴塘、理塘清查户口、赋税时，中甸土目丹松父子赴理塘呈报中甸户口及税赋数。康熙十三年，由于管理巴、理、建三塘的和硕特部总管罕都（堪着洛桑丹凗）由支持格鲁派改而支持噶举派，受到蒙古和硕特部及格鲁派的围剿。乘着蒙藏联军内部产生矛盾的时机，木氏土司支持中甸、德钦各地木瓜及以甲夏寺为首的噶举教、苯教寺院僧侣发动了反格鲁派的武装战乱，五世达赖、蒙古汗派扎什巴图台吉和乡佐农布带兵在木里王桑登桑布的配合下剿除了敌对武装，杀死了罕都；没收了噶举派及苯教寺院的寺产，摧毁了中甸境内象山寺等40多座噶举派及苯教寺庙，抄没农村参与叛乱的仓巴、敦巴的土地、财产，并以之作为筹建格鲁派寺院的资产，将迪庆藏区奉献给五世达赖作"香火之地"，又派人赴拉萨向五世达赖呈报兴建格鲁派寺院事宜。

二、历史沿革

扎什巴图台吉和乡佐农布以武力作后盾,协助时任宗官、第巴完成了对中甸、德钦的户口清查及各种赋税、徭役的增征定额。蒙藏士兵骄横跋扈、奸淫暴戾,强迫噶举、宁玛等教派的教徒改宗格鲁派,对违抗者分别处以监禁、流放或发配到庄园服劳役等酷刑。

康熙十五年至十七年,五世达赖允准德钦境内三大寺改为格鲁派寺院,并赐名噶丹羊八景林、噶丹德钦林、噶丹东竹林。康熙十八年(1679年),经五世达赖选址,中甸格鲁教派大寺破土动工,于二十年(1681年)建成,五世达赖赐名为"噶丹松赞林"。划定供养僧众的教民庄户(藏语称吹迪,给寺院种地服劳役的农奴)300户和供养大寺掌教的神民庄户(藏语称拉迪,掌教僧官的农奴)70户,由西藏地方政府派遣举玛顷则为教民庄户庄主,设吹宗,专为僧众茶薪服务;派奔洛阿旺诺杰管理寺院行政和教规,设尼旺宗专管神民(寺院掌教的领地)庄户;派宗官总管地方上行政事务。固始汗和五世达赖签发了许多保护松赞林利益的执照和特殊法规,除赐给寺院庄园耕地之外,还赐给大片山林、牧场所有权;特许寺院专职僧侣从事经商、放贷等营利活动，并给予豁免税收的特权。松赞林寺的贵族僧侣成为当地最高统治者，数年之间，松赞林僧众猛增，最多时竟达3500多人。

蒙古和硕特部进占中甸后，中甸受和硕特部长官和西藏地方政府的双重管理，自青海和西藏来的官吏、喇嘛贵族乃至茶商、铜商纷至沓来。按照规定，当地老百姓要服乌拉差（常见于藏族政权下的无偿差役和摊派），有的家庭遇上双重徭役，就得儿子出兵役，父亲出夫役。而西藏地方政府委派的官员恃权贪赃枉法，部分善于钻营的当地人使尽各种伎俩套领免除劳役的执照，徭役负担更转嫁到贫苦农牧民身上，贫苦农牧民苦不堪言。

清康熙四十七年（1708年），中甸第巴桑杰约同知名人士到西藏拜见拉藏汗，呈送要求废除免役执照、徭役共同负担的申请，获批准、并签发了公文。次年，首先由建塘雪巴舒卡169户签订协议，收缴免役执照，议定差役共同负担。康熙四十九年（1710年），中甸其他各舒卡掀起反免役执照事件，桑杰与藏委宗官哲布以查验为名，

二、历史沿革

全数收缴免役执照在街头当众烧毁,宣布地方人民共同负担徭役。

同年第巴桑杰又再次进藏,向拉藏汗控诉藏委官员横行霸道的劣迹,要求免派藏委宗官,获得了西藏的批准。康熙五十一年(1712年)由松氏桑杰任武官第巴,腊咱第巴金圭七林任文官第巴,取代藏委宗官,开始自行管理中甸全境,建立并完善了第巴、神翁、德本三级土司乃至基层舒卡地方行政组织。松赞林寺掌教和其他重要职位候选人也改为从寺内取得格西学位的喇嘛中遴选产生,形成洛章、觉厦、西苏以至各康参及基层密参等严密的组织机构。为加强政教统治,约在康熙五十四年(1715年)前后建立政、教联合的吹云会议制度,构建了政教合一的统治模式。

7. 清代设厅迪庆归滇

清顺治十六年(1659年),由铎尼、吴三桂、赵布泰率领的清兵分三路进云南抵达昆明,六月,丽江木氏土知府归附清王朝,仍设丽江军民府,裁通安、宝山、兰州、巨津4州及临西1县,统归府治。雍正元年(1723年),和硕特部罗布藏丹津在青海发动反清叛乱,中甸噶丹·松赞林寺参与叛乱，朝廷命云南提督郝玉麟领兵2000名前往昌都驻防，又令云贵总督高其倬派孙宏本带兵500名驻中甸。1725年，罗布藏丹津兵败西逃后，郝玉麟撤军回中甸，中甸土目、喇嘛向郝投诚，总督高其倬复派官员前来安抚。1725年五月，设立中甸州，添设中甸抚番清饷同知一员，经历一员，巡检二员，移剑川州州判驻防，属鹤庆府。同时推行"改土归流"，改第巴为土守备，改神翁为土千总，改德本为土把总，改世袭为承袭，由地方额征内支给钱粮，称为土官。

雍正四年（1726年），滇、川、藏三省派员勘定边界，滇、川两省奉旨派员合勘边界，确定"近滇者归滇，近川归川"。

1727年，清廷决定将阿墩子、奔子栏、其宗、喇普、维西五地划归云南省，合并设治，建维西厅，移鹤庆府通判驻防，通判下设众多土弁目；土照壁以下归中甸。清乾隆二十一年（1756年），云贵总督爱必达奏准，将维西、中甸改隶丽江府，中甸改升为厅。乾隆二十二年（1757年），清廷允准维西通判改为维西抚夷通判。嘉庆七年（1802年），封禾良斗为世袭阿墩子土千总，维西厅每

二、历史沿革

三年派员到阿墩子阅边一次。

清光绪三十二年（1906年），清廷设阿墩子弹压委员，归维西通判节制。

8. 民国二年厅改县

民国二年四月（1913年5月），中甸奉令改厅为县，设知县，仍保留23员土官，属腾越道。维西厅分为维西县和阿墩子设治局，维西属二等县，隶滇西道（驻腾越）。民国四年（1915年），阿墩子弹压委员改称阿墩子行政委员。民国十八年（1929年），云南省在临边地区设两个殖边督办公署，中甸、维西归属第一殖边督办公署管辖。民国二十一年（1932年），阿墩子行政委员改称阿墩子设治局。民国二十四年（1935年），以德钦林寺之名改称阿墩子设治局为德钦设治局。民国三十一年（1942年），维西属云南省第七行政督察专员公署管辖。民国三十六年（1947年），云南设第十三行政督察专员公署于维西，维西、中甸、德钦皆属其管辖。

9. 人民政权的建立

迪庆州所属德钦、维西县和香格里拉市情况有别，人民政权建立的进程亦有所不同。

维西县 1949年5月12日,在中共维西地下党组织领导下,民众自卫队分两路于拂晓进城,包围县政府及警察局,缴了常备队及警察局的武器,县长李攀桂投降,结束了国民党政府的统治。10月1日,在中华人民共和国成立的当天,维西县人民政府成立。11月,维西县遭到来自中甸、德钦以及其宗、塔城、雅塘等地的五股土司武装的围攻,20日,县城沦陷于土司武装之手。12月8日,边纵七支队三十三团二营与三营的留守部队配合,击溃土司武装,进驻维西县城,几天后三十三团三营亦转战回到维西县城,维西光复,22日县级和各区机关恢复办公。1950年5月,人民解放军十四军四十二师一二五团先遣部队抵达维西后,康叶、宗栏两个办事处被撤销,分别成立康普、叶枝、宗普、奔子栏4个区人民政府。9月1日全县重新确定行政区划,全县设六个区,以一、二、三、四、五、六次第命名,其中第6区奔子栏区为特别行政区,区下仍为行政村。1951年1月16~22日,在县城举行各族各界人民代表会议,会议选举了13人组成的协商委员会。8月4~24日,举行全县各族各界人民代表会议,

二、历史沿革

选出正副县长及委员,成立民主联合政府。同时选举产生政治协商委员会。1956年7月,召开维西县第一届人民代表会议,依照宪法将县人民政府改组为县人民委员会,选举产生县长、副县长及人民委员。

德钦县 1949年12月25日,国民党德钦设治局宣布起义。1950年4月14日,中国人民解放军四十二师一二五团三营进驻德钦。5月20日,在升平镇召开德钦和平解放大会,中共丽江地委派出的随军代表接管德钦县参议会和设治局,建立县级人民政权,仍称德钦县设治局,隶属丽江专区专员公署,任命杨润为设治局局长。1952年5月4~17日,召开德钦县设治局首届各族各界人民代表大会第一次会议,会议决定成立德钦藏族自治区人民政府,选举县长1人,副县长2人,政务委员23人,政务委员会主任1人,副主任1人。5~10月,在原三乡一镇(燕门、云岭、佛山乡、升平镇)基础上逐步建立区人民政府,改三乡一镇为三区一镇,下设村公所。1952年改村建乡,建立乡人民政府,全县辖三区一镇十六乡。原区、镇、乡千总、把总、老民都安排到区、乡工作,任命为区长、副区长、乡长、副乡长或干事。1953年4月,召开德钦县各族各界人民代表会议,会议选举梁福庭为县长,禾德顺、吉福为副县长。1955年12月,在德钦县首届各族各界人民代表大会第六次会议上,决定将德钦藏族自治区改为德钦县,自治区人民政府改称为县人民委员会。

中甸县(香格里拉市) 1950年1月5日,中甸县金江特区人民政府在礼都小学成立,设上江、下江两个办事处。2月10日,中共中甸金江特区工作委员会在金江吾竹成立,金沙江两岸群众、党政工作人员及自卫队云集吾竹举行万人大会庆祝金江解放。1950年3月,城区地下党组织派何世昌等5人到鹤庆迎接中国人民解放军进驻中甸。5月1日,中国人民解放军四十二师一二五团分东西两路向中甸进军,10日,两路人马及丽江专区派出的党政干部同时到达县城,藏汉各族人民以隆重的礼仪,设香案、献哈达、牛奶,迎接人民解放军入城。中国人民解放军举行了庄严的入城仪式,将五星红旗插上大龟山,宣告中甸和平解放。12日,人民政府县长孙致和发布告

二、历史沿革

示,宣告中甸县人民政府成立。13日,县人民政府召开临时群众代表会议,成立中甸县政务委员会,主任委员孙致和,副主任委员由原营官刘恩、松赞林寺老僧开姆担任,委员由康萨得几批祖、干玛等民族宗教上层及社会知名人士14人担任。15日,四十二师师长廖运周、中甸县县长孙致和在营官刘恩、千总七耀祖、商会会长周汝奇陪同下,到箐口居都谷坝子与地方头人旺学鼎见面会谈,向他宣讲党的民族、宗教政策,请他到中甸县人民政府就任副县长一职。16日,政务委员会召开第二次会议,决定中甸县行政区划,全县设大中甸、小中甸、格咱、尼西、金江5个区。同月,除原已成立的金江特区人民政府外,其余4个区人民政府先后成立。6月5日良美区人民政府(即良美办事处)成立,9月12日归并金江区人民政府。6月11日,三坝区人民政府(又称金江区人民政府三坝办事处)成立,12月1日改为三坝乡人民政府。8月1日,中甸金江特区建制结束,改称金江区人民政府。9月1日,中甸县东旺办事处(区级)成立,民族上层爱国人士桑察阿坚任办事处主任。在基层政权建设中,原各区千、把总等二十三员官、部分头人、老民都安排了工作，任区长、副区长或干事等职。1954年全州县、区、乡基层政权建设基本完成，各县都成立了县人民政府、区乡人民政府，各区、乡长都由当地少数民族干部担任。农民协会、妇女会、共青团等群众组织也相继建立。区乡政权的建立，人民民主专政的确立，改变了各族劳动人民政治上无权，经济上贫困的局面，人民当家做了主人。

10. 行政区划

元代，沿金沙江边设巨津州，还下辖临西县。临西县主要辖今塔城镇所有村寨及今香格里拉县上江乡、金江镇和虎跳峡镇拉咱古以上村寨。这些村寨又分别由磨些和吐蕃土酋管辖，整个县事由磨些土知县统管。香格里拉县三坝乡、哈巴、东坝、白地则属丽江府宝山州。德钦属巴宗（巴塘）管辖。中甸藏区划归宣政院后属吐蕃等路宣慰使司管辖，至正二十二年（1362年），妥欢帖睦尔皇帝委任云丹坚赞为察翁格奔不地方招讨司招讨使时，迪庆藏区已有万户、千户、百户三级管理区划的设置，辖区内分置建塘、洋塘、尼西、巴域4个千户。

二、历史沿革

明洪武至正德年间（1368～1521年），德钦分属磨儿勘招讨司（驻芒康）与剌宗万户府（巴塘）驻管辖。明永乐四年，在中甸藏区设镇道、杨塘二安抚司，隶云南都司；在洛吉设革甸长官司，属永宁府。明成化四年后，木氏土司不断向迪庆藏区用兵，至嘉靖三十二年，占领迪庆全境，在中甸小中甸年各年脑寨建木天王行宫，统领迪庆及康南藏区。在迪庆全境分设宗卡，派其子女为木瓜管理，宗卡下属行政村则委派百虽（村主任）管理。中甸设格咱、尼西、大中甸、小中甸、江边5个宗卡，德钦设阿墩子、奔子栏2个宗卡。在维西分设康叶千总管理康普、叶枝一带；其喇千总管理塔城一带。

清初，中甸、德钦被蒙古和硕特部占领，从顺治十七年（1660年）起，五世达赖委派宗官管理中甸藏区，另在德钦境的澜沧江沿线设1名神翁、2名德本，在金沙江一线设1名第巴，为巴塘正土司。康熙六年后，委派宗官管理中甸。康熙四十七年（1708年），第巴桑杰进藏告状，要求对中甸免派宗官，由中甸自行管理。地方政府头目以及拉藏汗同意免派宗官，并委派桑杰为地方百姓头领。桑杰回地方与僧俗各界共议,决定沿袭旧制,全县设两个第巴,将中甸全境分为五境,即江边境、大中甸境、小中甸境、格咱境、尼西境,即为五个设午,其下再分设十七个德午。第巴为管理全境之官,称"丹家丹东",管辖百姓七千七百户,此乃沿袭元制,相当于一个万户;五个设午设五个神翁,为管理各境之官,称"卓家卓支",意为管辖百姓六百六十户;十七个德午设十七个德本(其中管理噶丹松赞林神民庄户的为一个德本,后取消,遂为十六个德本),为管理本区域之官,称"打马卓支",意为率领战马六十匹的马队。德本之下为舒卡老民,时中甸全境共辖41个舒卡,第一次完备了舒卡制度。

雍正二年(1724年),中甸归属云南,五年(1727年),拔剑川州判一员管理中甸,隶鹤庆府,行政辖区不变,仍照旧职,将第巴二员改为土守备,神翁五员改作土千总,德本十六员改作土把总,统听州判管辖。

乾隆二十一年(1756年),裁撤中甸通判,改升为厅,移楚雄同知于中甸,改隶丽江府,辖区不变,所属舒卡增至61个。维西设维西厅,县

二、历史沿革

事由流官通判统管,通判下设若干土弁目。全县分为五大股,即临城及沿江股、康叶股、其喇股、奔子栏股、阿墩子股,维西厅还羁縻澜沧江、怒江、独龙江地区(含今怒江州贡山县和福贡县大部分地区)。原属巴塘土司的阿墩子划归云南维西管辖,下设阿墩子土千总、奔子栏土千总、阿墩子外委、阿墩子土把总、奔子栏土把总、阿墩子土目以及六名奔子栏土目。

清嘉庆七年(1802年),封禾良斗为阿墩子土千总,辖地东至四川界察利坡,南接维西叶枝,西至西藏叙工,北抵甲功,仍属维西厅辖。清光绪三十三年(1907年),设阿墩子弹压委员,夏湖任弹压委员,归维西通判节制。

民国元年(1912年)改设为阿墩子行政委员。民国二年四月(1913年5月),中甸奉令改厅为县,设知县,仍保留二十三员土官,属腾越道,原属五个境改为五个区。大中甸境、小中甸境、江边境、尼西境、格咱境分别称为第一、二、三、四、五区。阿墩子行政委员与维西厅分置。次年春,原属维西厅的"怒俅地方"亦划出分别设立昌蒲通行政委员和上帕行政委员。维西属二等县,分设城区、永安、化普、共济、康普、叶枝、其喇、奔子栏8区。民国十七年（1928年），阿墩子行政委员改设为阿墩子设治局。民国二十一年（1932年），以德钦林寺之名改阿墩子设治局为德钦设治局，辖燕门、云岭、佛山和升平镇。民国十九年（1930年），奉令编组区、镇、闾、邻，维西县于民国二十一年（1932年）编为5个区，33个乡；中甸县于民国二十三年（1934年）编为5个区、10个乡、241闾、1135邻。民国二十六年（1937年），废闾设保甲。民国二十七年（1938年），维西将原33个乡合并为15个乡，编为87保、874甲；中甸仍为5个区、10个乡，编为35保、492甲。民国二十八年（1939年），维西废除区制，扩大乡、镇，改编保、甲，设为忠良、孝敬、义勇、仁慈、爱护、信用、和顺、平安8个乡、71保、592甲。民国三十年（1941年）改为县城、永安、化普、共济、康普、叶枝、宗普、奔栏8个乡；民国三十一年（1942年），县城与永安合为城永乡、化普乡分为化普乡、攀阁乡，其余不变，仍为8个乡，直至民国三十八年（1949年）。

民国二十九年（1940年），中甸县将5个区

二、历史沿革

改为全甸(含大、小中甸)、宜旺(含尼西、东旺、格咱)、良美、吾车、木笔、三坝6个乡,编为38保、492甲。民国三十二年(1943年),整编为35保、472甲。

1949年5月12日,中共维西地下党组织率领民众自卫队发动暴动,推翻国民党维西县政府,建立临时人民政权,取名为维西县临时参议会。同年10月1日,中华人民共和国成立,维西县人民政府也于当日宣告成立,隶属滇西北人民专员公署。1950年5月10日,中国人民解放军四十二师一二五团进驻中甸县城,中甸和平解放;12日,中甸县人民政府成立,隶属丽江专区。1949年12月25日,国民党德钦设治局宣布起义,1950年4月14日,中国人民解放军四十二师一二五团进驻德钦,5月20日,在升平镇隆重举行德钦和平解放庆祝大会,中共丽江地委派出的代表接管德钦县参议会和设治局,建立县级人民政权机构,隶属丽江专区。至此,迪庆全境和平解放。

1952年5月,德钦县召开首届各族各界人民代表大会第一次会议,会议决定成立德钦藏族自治区及自治区人民政府。1955年12月,在德钦县首届各族各界人民代表大会第六次会议上，决定将德钦藏族自治区改为德钦县，自治区人民政府改称为县人民委员会。

1957年9月13日，经中华人民共和国国务院批准，迪庆藏族自治州人民政府成立，由丽江专区代管。全州辖中甸、维西、德钦3县，16个区，1个办事处，1个镇，122个乡。1958年，全州大办人民公社。维西县成立永春、新合、幸福、卫星、红旗、上游、腊普7个人民公社，原来的乡改为64个管理区；其中幸福公社由原丽江县的拖枝、四保、美光3乡划入维西后组成；奔子栏划归德钦县。中甸县成立东旺、格咱、尼西、高峰、高原、金江、虎跳江、三坝8个公社，辖45个乡，1个镇；德钦成立燕门、云岭、佛山、升平4个公社，同时成立了奔子栏县级办事处，辖羊拉、奔子栏、霞若3个公社，德钦县共辖7个公社、41个管理区。

1961年10月，维西县第五区所属金沙江以东霞珠、仓觉、泽通3个大队共38个自然村划归中甸县，成立五境区。

1962年，恢复区、乡建置，中甸县设9个区，47个乡，1个区辖镇。1963年初，维西县共设5

二、历史沿革

个区。1966年，兰坪县维登区划归维西县，成立第六区。1984年8月，德钦县奔子栏区江东乡划归中甸县尼西区。

1985年10月13日，经国务院批准成立维西傈僳族自治县，隶属迪庆藏族自治州。

1988年，区乡体制改革，经云南省人民政府批准，虎跳江区撤区建镇。

1994年7月，在中甸县虎跳峡镇礼仁三家村设立迪庆扶贫民族经济开发区，由开发区管委会代管虎跳峡镇新仁、礼仁两个行政村，开发区辖新仁、礼仁两个村民委员会，一个居民委员会。

1996年，经省人民政府批准，撤销大中甸乡和中心镇建制，合并设立建塘镇，全州共有25个乡，4个镇。

2001年12月17日，经国务院批准，中甸县更名为香格里拉县。同年进行村级体制改革，实行村民自治，全州设184个村（居）民委员会。

2002年，经省人民政府批准，香格里拉县金江、小中甸，维西县塔城、叶枝，德钦县奔子栏等5个乡完成撤乡建镇。

2015年，全州辖2个县（德钦县、维西傈僳族自治县)、1个市(香格里拉市)、9个镇、20个乡、166个村民委员会、12个居民委员会、2203个村民小组。

(三)神川铁桥

在迪庆州香格里拉市上江乡木高村与丽江市玉龙纳西族自治县塔城乡塔城村交界的金沙江上,曾建有一座宏伟的铁索桥——吐蕃铁桥。这座古代桥梁为"穴石锢铁"的铁索桥,系吐蕃由其神川都督府向洱海地区扩张时,于唐高宗调露二年(公元680年)所建。

传说神川铁桥是利用天然桥墩建造而成的。据史料记载:在神川建造地的金沙江中有一石耸立,露出水面约5米,成三岔竖立,形如笔架,称笔架石(又称照壁石),其中两岔分别凿有直径约1米的圆洞,为"穴石锢铁"之处(于1959年在疏浚金沙江航道时被炸塌)。笔架石横卧于原石基座旁江中,枯水季节,犹见石穴。而两岸"锢铁"遗迹,因年久日深,被江洪冲毁,或被积石覆盖而无存。笔架石东岸右侧,有一岩房平台,长约50余米,最宽处15米,可供相当数量的兵卒守桥之用(于1988年修筑上江至五境乡公

二、历史沿革

路时被炸毁大半)。在今丽江塔城塔展村的金沙江边高岩上,熔铁系链的洞穴还在,江边立有"古铁桥遗址"碑。

据史书记载:这里北连康藏,南通大理,形势险要,是唐代南诏王国与吐蕃的边界,既是各民族交往的走廊,又是兵家必争之地。许多学者认为,神川铁桥不仅是"万里长江第一桥",而且是世界上最早的铁桥。神川铁桥约建于唐永隆元年(公元680年)。神川铁桥成了云南和西藏的重要通道,维西塔城(当地人称"里塔城")和丽江塔城(当地人称"外塔城")成为茶马互市的繁荣之所。藏族的骏马、山珍、皮货、药材源源不断运到云南,再转运往内地。云南的茶叶、铁器、四川丝绸,通过这里大批运往西藏等地区。在这种形势下,神川一带很快发展成为战略要地,吐蕃势力扩张到塔城铁桥,并于唐朝天宝十年(公元737年)在铁桥城置都督府。南诏在中央王朝支持下,也将势力发展到塔城,并建塔城关。

当时,唐代吐蕃势力在西部崛起,威胁长安。中央王朝为打击吐蕃,支持南诏统一洱海地区。天宝年间,南诏王阁逻凤不堪地方官吏勒索欺凌,起兵反抗。朝廷派兵镇压,阁逻凤联兵吐蕃,在洱海两败唐军。吐蕃势力趁机南下金沙江中段,设立了神川都督府,控制了塔城、石门二关,在两关之间(今香格里拉市上江乡木高村委会与五境乡仓觉村委会交界处)的金沙江上建起了铁索桥,称"神川铁桥",并在此驻兵上万,建起了东、西铁桥城,确保南下之路,并牵制南诏。在神川铁桥建起的几十年间,南诏王异牟寻终于不堪吐蕃贪得无厌的勒索,重新向唐朝廷靠拢。公元794年,即唐贞元十年,异牟寻被唐王朝封为"云南王"。当南诏做出彻底归唐的历史选择后,矛头即转,向吐蕃发动了猛烈的进攻。由于神川铁桥位置险要,是吐蕃在南诏的军事处所及遏制南诏的军事指挥部。所以,贞元十年正月至三月,南诏不失时机地突袭了神川铁桥,摧毁了吐蕃在神川的大小堡垒,迫使吐蕃势力退出南诏守居在神川以北今云南迪庆州中甸、德钦及川滇边界一带。这次南诏、吐蕃铁桥战役,以南诏全胜而载入史册。据《旧唐书·南诏传》载:"初,吐蕃因争北庭,与回鹘大战,死伤颇重,乃征兵于牟寻,须万人。牟寻既定计归我,欲因征兵以袭之。

二、历史沿革

乃示寡弱,谓吐蕃曰:蛮军素少,仅可发三千人。吐蕃少之。请益至五千,乃许。牟寻遽遣兵五千人戍吐蕃,乃自将数万踵其后,昼夜兼行。乘其无备,大破吐蕃于神川,遂断铁桥,遣使告捷"。铁桥战役中南诏取得的成果颇大。《旧唐书•本纪》载:"贞元十年正月壬辰,南诏异牟寻大破吐蕃与神川,使来献捷,三月,庚辰,南诏异牟寻攻收吐蕃铁桥已东城垒十六,擒其王五人,降其民众十万口"。这就是著名的神川大战役。此战,南诏与唐联合,巧出奇兵,乘蕃军无备,选择有利地形突然袭击,使蕃军惨败,取得辉煌战果。这是唐代在这里发生的一场影响中国历史进程的战争。神川铁桥大战是南诏与吐蕃之间的一场战役,这场战役对于我国唐王朝、南诏和吐蕃的历史产生了深远的影响。

吐蕃、南诏铁桥战役以后,南诏彻底归附了唐朝,减除了吐蕃的威胁,扩大了统治区域。到贞元十七年,"南诏之境,乐至于铜柱铁桥蟠桃玉榆,东南至于交趾,南至于骠国木落山,西至于太石,西北至于吐蕃,北至于神川、东北至黔巫"。同时,南诏还在废除的神川铁桥设立了铁桥节度，统治原吐蕃神川铁桥节度使之辖境，并占有阳蓬岭以南的㠜州地。此外，南诏乘铁桥战役，消灭了"三浪"余部。自吐蕃、南诏铁桥战役之后，吐蕃受到了空前而沉重的打击，从此，吐蕃日落西山，全面势衰，至842年，吐蕃最后一代赞普朗达玛被杀，吐蕃王朝统治二百多年的历史至此崩溃。

神川铁桥是唐朝时代沟通吐蕃与南诏之间的一座友谊之桥，同时，也是吐蕃和南诏之间争夺激烈的战争之桥。铁桥一架设，便是吐蕃南诏关系亦即滇藏关系的正式开始。吐蕃和南诏都先后于此设置了铁桥节度，管理和控制铁桥及其附近的各族人民。在唐朝和吐蕃的作用下，铁桥曾应当时的政治需要一度而设，也随其政治变化一度而废。铁桥的一立一废正是当时唐朝、吐蕃和南诏三者之间政治军事诸种力量及诸种关系纵横交错、复杂演变的结果。铁桥的设立或废除不仅对于吐蕃与南诏之间关系的发展起着联系作用，而且对于中国当时西南政局的稳固也影响重大。当铁桥存在，蕃诏联盟，而造成唐朝西南边陲的最大威胁，因而苦不可终日；当铁桥破坏，南诏归

二、历史沿革

唐，使唐朝很快恢复了西南边疆的边州政策，"云南安抚使司"的政区名称与南诏相始终，从而加强了中央同边疆少数民族地区的联系，维护了祖国的统一。

三、史海钩沉

（一）茶马古道
1. 茶马古道线路

茶马古道是指存在于中国西南地区，以马帮为主要交通工具的民间国际商贸通道，是中国西南民族经济文化交流的走廊，茶马古道是一个非常特殊的地域称谓，是一条世界上自然风光最壮观，文化最为神秘的旅游绝品线路，它蕴藏着开发不尽的文化遗产。

（1）茶马古道三条大道

茶马古道源于古代西南边疆的茶马互市，兴于唐宋，盛于明清，"二战"中后期最为兴盛。历史上的茶马古道并不只一条，而是一个庞大的交通网络。它是以川藏道、滇藏道与青藏道（甘青道）三条大道为主线，辅以众多的支线、附线构成的道路系统。地跨川、滇、青、藏，向外延伸至南亚、西亚、中亚和东南亚,远达欧洲。三条大道中,以川藏道开通最早,运输量最大,历史作用较大。滇藏茶马古道大约形成于公元六世纪后期,它南起云南茶叶主产区思茅、普洱,中间经过今天的大理、丽江、香格里拉进入西藏,直达拉萨。有的还从西藏转口印度、尼泊尔,是古代中国与南亚地区一条重要的贸易通道。

(2)茶马古道五条主要线路

一般所说的茶马古道主要路线是从云南的西双版纳、思茅、普洱、临沧、保山、大理、丽江,经香格里拉及西藏的昌都、拉萨等地后,进入印度、尼泊尔等南亚地区。另一条是从四川的雅安出发,经凉山后,交汇云南丽江,再经香格里拉、西藏等地后,进入尼泊尔。第三条是以现在的青海省西宁市为起点,经玉树地区,再到昌都,或通过黑河至拉萨。第四条线路是从甘肃河西走廊,经敦煌、柳园,翻越唐古拉山,到黑河,再到拉萨。第五条在新疆的喀什、于阗地区至西藏的阿里,它是丝绸之路的延伸。虽然这条路线由于高寒缺氧,人烟稀少,过往商旅不多,但中国藏族著名学者降边嘉措指出,"这条路可以直达印度和尼泊尔等南亚国家",具有相当的重要性。

2. 香格里拉境内与茶马古道相关的古驿道

中甸(今香格里拉,下同),地处青藏高原横断山脉腹地,滇、川、藏三省(区)交汇,系由滇入川藏之要冲,境内群山起伏,江河纵横,高山、峡谷相间,处处险关要隘。

唐代,吐蕃南下,打通了一条以神川铁桥为中心的滇藏交往大道。宋代,"茶马互市"以独克宗为中心,南下大理、思茅,北上芒康、巴塘、里塘。明代,木氏土司占领中甸,滇、藏贸易仍往来不断。清初,清廷允准达赖喇嘛在中甸互市。滇、川、藏三省(区)商贾云集中甸,中甸成为三省结合部重要交通要道,民国年间驿道发展较快。

(1)南路——进省道。由中甸往南经丽江、剑川、洱源、大理、弥渡、南涧、临沧、景东、普洱,行程一千余里。清代,发展成中甸至省城昆明驿道。中甸至丽江经中甸出城南、箐口、拖木兰、一家人、土官村、十二栏杆、桥头、木撤湾,渡金沙江到丽江阿喜、至丽江。

(2)西路——进藏路。系"茶马互市"之西线。出中甸城北门，经尼西、过土照壁，渡金沙江至奔子栏，经德钦渡溜筒过江，越梅里雪山至西藏昌都、察隅、波密、拉萨、日喀则、江孜、亚东柏林山口，分别出境至缅甸、尼泊尔、印度。中甸至拉萨，穿行于横断山脉三江并流地区，长峰巨岭绵延不断，鸟道迂回，"水不能行舟，陆不可并辔"，冬季冰封雪盖，驿道锢塞不通。

（3）北路——进川道。为滇、川、藏"大三角"茶马古道之一，分中甸至巴塘、至里塘、至乡城3条。

3. 香格里拉境内相关的其他茶马古道线路

唐代吐蕃南下，在县境金沙江上架设了世界上第一座铁索桥——神川铁桥，打通了滇藏往来的通道，吐蕃把比较发达的畜牧业技术传入滇西北地区，并以畜牧产品及藏中稀有药材与南诏的传统工艺及茶叶通过中甸输入吐蕃。其间，从铁桥通往中甸的大道主要有两条；其一，由铁桥至木高拉直古，翻过雪山至今小中甸，而后进铁桥东城；其二，由铁桥北上经宗古至五境吉仁，而后由吉仁翻越雪山而至今建塘镇尼史村，进铁桥东城。在这两条古道中的石头上，至今有很多处留有深深的马蹄印,有的深达四、五寸。并在多处山崖上发现用藏文书写的"六字真言"。由铁桥东城进藏的大道主要的也有两条:其一,由铁桥东城西行至尼西、奔子栏、盐井、芒康、昌都进藏;其二,由铁桥东城至格咱、乡城、巴塘至盐井、芒康、昌都进藏。从格咱翻越小雪山至翁水的山道至今留有"茶道"的古称。

4. 藏族人民与茶的缘分

云南各族人民都喜欢喝茶,不能一日无茶,川、康、藏地区更盛,这是由于自然环境的缘故。康藏属高寒地区,海拔都在四五千米以上,仅能种植青稞,且一年一熟,只能把青稞炒熟加工成糌粑(炒面)。另外,藏区有广阔的草原和山林草地,以畜牧业为主,因此,糌粑、奶类、酥油、牛羊肉就成为他们的主食。在高寒地区,需要摄入含热量高的脂肪,但没有蔬菜,糌粑又燥热,过多的脂肪在人体内不容易分解,而茶叶既能够增解脂肪,又防止燥热。藏区不可缺少的酥油茶,就是把茶熬透之后,加上酥油、盐巴在茶桶里捣和而成,同糌粑配合食用,清香可口,故藏族特别嗜喝酥油茶。茶,自然就成为藏区所需要的大宗商品。

5. 香格里拉——茶马古道重镇的重要性

学者们根据多种史籍研究都认为唐代茶叶已经传入吐蕃，但当时云南尚未有细加工茶叶的技术，吐蕃人也只是将其作为一种贵重的饮料和清热去火的药物，属于珍稀之品。吐蕃与南诏贸易往来的频繁，便是"茶马互市"的肇始，铁桥东城便成为滇藏茶马古道上的咽喉要塞。

在茶马古道上进行运输的马帮到达"中甸"后，必须在中甸进行休整和生活补给。因为，中甸是进入藏区的最后一站，再往里走自然环境条件就越艰苦。另外，中甸高原草原广袤，牧草丰茂，森林蔽天，四周雪山为城，金沙为池，又有铁桥之利，进可以攻，退可以守；其高原气候尤适合藏族人的生活习性，又是马匹补给的最好地方，商家把马帮赶到建塘草原一带放牧，建塘草原水草好，不用多长时间，骡子就可达到膘壮的目的，达到"料足膘壮长精神"，为来年进藏做好足够的准备。

元代，至元六年（1269年），又在中甸设立了马站，设立站户五百户，方便了滇藏贸易的往来。

明代，尽管纳藏之间的民族战争延续不断，但滇商却不断把茶、糖、铜器等从丽江、鹤庆、大理、普洱运抵中甸，再由藏商从中甸转销康南各地乃至前后藏，又从这些地区运出羊毛、氆氇、皮革、毛织品及麝香、虫草等珍贵药材，由中甸转销内地。

康熙二十七年（1688年），应五世达赖喇嘛之请，清廷允准在中甸立市。中甸成了西藏、青海的喇嘛、王宫贵族、蒙商、藏商及滇川汉、白、纳西商人进行牲畜、珠宝、绸布、氆氇、毛织品、药材、糖、茶、烟、酒、铜器、马、牛、羊、副食品等商品贸易的集散地。其中大宗的当属茶叶及马匹，这一时期，每年由云南销往藏区的茶叶有二、三万担，而吴三桂亦从这里买回西藏、蒙古马匹五千余匹。

清雍正二年（1724年），清廷平定青海罗卜藏丹津叛乱后，将中甸划归云南管理。三年，福建、陕西、江西和云南丽江、大理、剑川、鹤庆等地旅甸工商业者80余人捐资修建拓宽了一家人路（从红石哨过土官村、花椒坡、十二栏杆至一家人），疏通了"壁立千仞、危崖突兀、险要无比"

的十二栏杆驿道。雍正六年，清廷派绿营兵驻防中甸，安设关讯塘卡，使社会治安有较大改善，进入中甸经商、开矿、从事手工业者与日俱增，当地喇嘛藏商、古宗驮队也相应发展起来，历经近千年的茶马古道越来越活跃。

6. 迪庆茶马古道对社会的贡献

茶马古道是一条以茶马互市为特点的商贸通道。据史料记载，自唐代以来，它就成为内地农业和边疆游牧地区之间进行贸易的交通路线，并成为汉民族文化与边疆少数民族文化交往的纽带，同时也是一条民族迁徙的通道，至今仍发挥着重要的作用。

神秘的茶马古道在历史上有过重大贡献，今天在商贸、旅游等方面仍然具有重要作用，开发潜力巨大。

神秘的茶马古道是举世罕见的一条黄金孔道，随着滇藏、川藏公路的开通，随着云南境内县乡公路水平的提升和人马驿道修整、拓展，茶马古道在新的历史条件下被赋予了新的内涵，人流物流不仅没有中断，而且日益扩大，已大大超过了抗日战争的鼎盛时期，只要加以开发，必将成为云南通往四川、西藏，以及南亚各国的大通道。这条茶马古道在旅游上蕴藏着巨大的商机。

抗日战争爆发，我国沿海口岸相继失陷，1938年广州沦陷不久，滇越铁路也遭封锁，我国对外运输线几乎断绝。滇西成为我国与国际联系的重要通道。1942年，美国的驼峰飞行计划付诸实施，成群的飞机日夜飞行，由重庆、昆明经丽江、香格里拉横越云岭、飞越野人山到加尔各答，但驼峰飞行计划仅服从于战争的需要。而大后方民用物资的运输，仍要由茶马古道承担，于是，数万马匹和藏区牦牛组成的运输队伍，浩浩荡荡，络绎于途，有力地支援了抗日战争，并为民族解放战争的最后胜利，做出了不可磨灭的伟大贡献，谱写了茶马古道的又一辉煌篇章。

1942年滇缅交通线被切断，大批国际援华物资只能从印度、锡金越过喜马拉雅山通过滇藏古道从滇西北千山万壑的横断山中运往西南各省，滇、藏、印三角贸易得到空前的发展，中甸是云南通往西藏拉萨的必经之道，是滇、藏、印贸易的重要枢纽。成为了滇藏和中印贸易的货物转运站和集散地，各地商人纷纷来到中甸设号。来往于香格里拉——拉萨之间的商号有190多家，较著名的有茂恒、长兴昌、仁和昌、永昌祥、福昌兴、铸记和达记，还有中甸喇嘛古宗驮队和西藏贵族崩达家、勒任家和桑都家，每年过往中甸的马帮达二万多匹，双程货运量达1000多吨，出入中甸财货总值1000余万元（半开），1943年，仅丽江巨商达记经中甸运往西藏和印度的货物就达3000余驮。

抗日战争爆发后，迪庆一跃成为中印贸易的交通枢纽。仅中甸县年出境的土特产药材、兽皮、酥油、黄金等物资就达20多种，总值10万元半开银圆。年入境的有茶叶、布匹、红糖等12种，总值11万元半开银圆。期间，过往于中甸、维西、德钦及拉萨、尼泊尔、印度的藏、纳西、汉商人马帮由4000至5000匹猛增到1万多匹，双程运输量1000多吨。从康藏经中甸运往内地的货物贝母、虫草达5000公斤，黄金1万余两。年出入财货总值1000万元左右，外来商户达240多家。中甸大批青壮年外出经商、赶马，往来于滇、藏、印度的喇嘛商人就有100多户，藏族马帮运输队600多匹。穿行于迪庆境内的马帮达万匹以上。中甸县各寺院、土司、头人及各族百姓骡马共8000匹，其中4000匹左右往来于滇藏。

抗战期间，侨居印度的中甸藏族商人马铸材率先带动大批商贩、马帮扩展滇、藏、印"三角贸易"，发展了民族经济，支持了抗日战争。他发动资本丰厚的西藏"恒盛公""永昌祥""元德和""协树昌"几家商号集资法币25万元捐献给国家购买战机一架。由他发起在印度噶伦堡侨民中组织开展"抗日月捐"活动，把捐款按月上缴中国驻加尔各答总领事馆转赠国内。

（二）重大历史事件

1. 吐蕃南下

唐贞观七年（633年），松赞干布命太子贡日贡尊留守本土，自己率军经略东方。贞观八年（634年），松赞干布"进兵攻破党项及白兰诸羌"，以青海玉树贝嘉德十二部为主力，组成中勇部，南攻南诏，占领藏区东南缘结塘部落。《朗氏家族史》载："朗·古容僧格在杰地（即杰砀，今中甸地区——原注）爆发汉藏战乱时向汉地进军，攻陷汉地的水城扬烈（疑指其宗、塔城一带）……"。麟德元年（664年），吐蕃以神州为基

三、史海钩沉

地,进攻滇西北广大地区。仪凤三年(676年),"西洱河诸蛮皆降吐蕃"。永隆元年(680年),吐蕃在其宗(原羁縻州神州治地)设神川都督府,在中甸木高与丽江塔城之间的金沙江上架设铁桥,并派"论"(吐蕃高级官员,先为纳舌,后为绮里徐)随军督制,为神川都督,建铁桥东西二城。唐樊绰《云南志》载:"东城自神川以来,半为散地",东城当在中甸高原地区,西城在丽江塔城,中甸高原成为吐蕃重要屯兵垦牧之所及节制滇西北地区,与唐王朝抗衡的军事要塞,同时也成为疏通滇藏经济、文化之要衢。永昌元年(689年),西洱河地区原归降吐蕃的25个部落叛离。长安三年(703年)冬,"赞普至南诏,攻克之","推行政令于南诏,使白蛮来贡赋税,收黑蛮于治下",后赞普亦死于南诏。开元二十六年(737年),唐朝支持南诏统一六诏,次年册封皮罗阁为云南王,以牵制吐蕃。天宝九年(749年),因云南太守张虔陀"待之不礼",南诏王"阁罗凤愤怒,因发兵反,攻围虔陀,杀之",剑南节度使鲜于仲通率兵讨伐"为南诏所败"。天宝十一年(752年),阁罗凤北臣吐蕃,吐蕃封阁罗凤为赞普钟,

· 105 ·

称东帝，颁给金印。吐蕃神川都知兵马使为遏制南诏，扶持不服南诏辖治的邓赕、浪穹、施浪三诏，集众数万，为南诏心腹之患；再"云南有众数十万，吐蕃每入寇，常以为前锋，赋敛重数；又夺其险要地立城堡，岁征兵助防，云南苦之"；南诏与吐蕃之矛盾日渐加深。贞元三年（787年）正月，异牟寻遣人诣西川节度使韦皋求附。贞元九年（793年）十月，韦皋"遣其节度巡官崔佐时赍诏书诣云南"，贞元十年（794年）正月五日异牟寻率其子寻梦凑等与佐时盟于点苍山神祠。正月十八日，异牟寻大破吐蕃于神川，断铁桥，吐蕃退守中甸及滇川边界一带，南诏在丽江塔城设铁桥节度，至此，吐蕃与南诏在中甸地区一百余年的争战停息。

2. 木氏土司统治中甸

明洪武十五年（1382年），元末任丽江宣抚司副使的阿甲阿得"率众归顺，（钦）赐木姓，从傅友德攻破石门关铁桥城，入朝，明太祖命世袭土官知府"，命其"防固石门，镇御土番(吐蕃)"。次年"改置丽江军民府""拟议敕命裨杨塘镇（小中甸），节制西番，礼祭机变从宜，傧相体统行事，

三、史海钩沉

以彰国威"(《木氏宦谱》),赋予木氏以怀柔手段协管中甸之权。"永乐四年(1406年)春正月,……己未设镇道(大中甸)杨塘二安抚司,隶云南都司"(《明实录·太宗乐实录》卷四十)。正统二年(1437年),中甸复归吐蕃管理。成化间,宝山州白地、巨津州(含中甸江边)屡遭蕃寇骚扰。十九年(1483年),木氏土司木缧对中甸用兵,得胜中甸早瓦寨(东坝村),至嘉靖三十二年(1553年)木氏土司占领东旺满布江仲止,木氏经70年征战,占领中甸全境,建立以木氏为核心的领主庄园制。在小中甸建造的王府年各羊恼寨,既是最大领主庄园,又是军事指挥部。遍布全县的寨堡即是大小庄园。木氏把子女派到各个庄园委以大小"木瓜"执掌军权,他们既是庄园主也是行政长官;委当地归顺土目为"百虽"(村官)管理百姓;改革税制,加重赋税,以"耕地征一、荒地征二"刺激开荒扩大耕地;有的"无田可耕,惟纳毛牛银为税";强令高寒藏区开渠引水,播种稻谷,劳民伤财;强征徭役,为其开挖金、银、铜矿,制定"民间匿铢而皆死"的苛法搜刮钱财,致王府"贮金数十库",以掠夺财富向明王朝大量进贡,诰封讨赏。捐资兴建噶玛噶举寺院衮钦寺（即甲夏寺）、百鸡寺、大宝寺、格咱寺、纳格拉寺等25座；不断布施佛像、佛具、黄金、白银、黄铜、茶、布等大批资财；与噶举派高僧合作，以九年时间在中甸耗巨资刊刻完成108卷丽江版《甘珠尔》藏文大藏经。与噶举派结成密切的政教关系，互相依存。《滇云历年传》载："蒙番畏而尊之曰：萨当汁"，民间还称其为"卓贡玛"，将本氏土司抬高到纳西帝的地位。明崇祯十二年（清崇德四年，1639年），青海蒙古和硕特部南下，消灭白利土司，并击败木氏土司势力，木氏土司开始衰败。

3. 恒乍鹏起义

嘉庆六年（1801年），横断山脉中部澜沧江两岸的傈僳族广大群众，苦于土千总的残酷压榨，在傈僳族英雄恒乍绷带领下揭竿而起，与封建统治进行了一场殊死的斗争。

嘉庆六年（1801年），维西地区灾荒严重，而康普、叶枝土千总和喇嘛寺仍逼着人民还债交租，一时民怨沸腾。这年冬天，在傈僳族人民英雄恒乍绷和腊者布的领导下,各族人民涌向康普、

三、史海钩沉

古刹两地的土千总衙门和喇嘛寺,开展了抗租借粮的斗争,把土司和喇嘛寺搜刮人民所得的牛、羊、银、米分给各族人民度荒。1802年正月,土千总勾结维西厅守备,派兵五十名前往镇压。愤怒的群众以弩弓、木棒、砍刀、石块打败清兵,烧了土千总衙门,占领了喇嘛寺及附近塘汛兵房、仓库、银厂,点燃了起义的火炬。起义军宣布土地由"大家分种"。几天之内,"附近夷民及丽江县属傈民一律响应",并有怒江西岸数百名怒族人民前来参加起义。起义烈火迅速烧遍了整个澜沧江上游东西两岸的高山峡谷。2月,腊者布率领的义军在清除康普附近五十余寨的清军和土司爪牙后,控制了维西城北要隘合江桥。另一支由汉族李秃树领导的由傈僳、汉、白等族组成的起义军,攻下了城南的树苗、小甸、吉尾一带。而谷泥率领的五百多名起义武装也占领了石鼓,切断了清军的交通要道。维西城已陷于起义军的包围之中。在义军强大攻势下,丽江地区"官已束手"。清王朝慌忙把云南巡抚永保派到威远堵击拉祜族起义军,把云贵总督觉罗琅玕调到维西镇压恒乍绷义军。但起义队伍利用地形已做好了准备,"于各山隘多设檑木滚石抵拒"。琅玗的先遣部队一千余人一进入鲁甸太平塘峡谷,就被义军打得落花流水,几乎全军覆没,鹤丽镇总兵那麟泰仅以身免。起义军高唱凯歌:"狼总督,心狠毒,不要民,只图名;你官大,我山大,你下马,我安坐;你兵多,我树多,大军炮,奈我何!"充分表现出各族人民对清王朝统治者的仇恨和藐视。

清王朝大为震惊,革去琅玗一品顶戴和花翎,督责琅玗"飞调兵练",大举进击义军。该地的土司、大喇嘛和地主也忙着组织反动武装,进行反攻倒算,并为清军供米献牛,通风带路,伙同清军一路杀人放火。4月,腊者布进攻维西城,经过多次激战,不克,北退小维西。清军尾追,并攻陷小维西。腊者布在退往康普搬兵途中,饮酒时被潜伏在身边的尖细灌醉,被执牺牲。南路李秃树率领的义军,于追击进入小维西的清军途中被围,在激战中大部分牺牲。5月,起义中心康普陷落。但起义军群众仍在各地不断袭击清军。9月,起义军退往澜沧江西岸。这时,恒乍绷与另一领袖别的扒重整起义队伍,由别的扒任总指挥,称"都

三、史海钩沉

总管",乌恒布称"江东大王",统帅江东各路起义群众,继续把反封建的斗争推向前进。10月,北自阿墩子(德钦),南自兰坪,东起丽江、剑川,西迄澜沧江外,"纵横千有余里之间"的傈僳族和其他民族又充分发动起来。琅玕给清帝报表说:起义军"于各处滋扰之后,即逃往深山密箐";"或于山上堆放滚木檑石,或于箐内挖壕,栽插竹签,多方阻拒;更兼出没无常,攻扑营卡";"高处则滚放木石,低处则埋伏放弩","竟可一人当十"。清军处处陷于被动挨打的地位。

嘉庆八年(1803年)3月,清王朝调动军队和地方团练五六万人,动员33个厅、州、县的兵差粮饷,并采用诱降和武装镇压两手,大举围剿义军。4月,澜沧江东岸的起义军逐步被清军击破,起义军转移到江西。5月,清军分三路渡江进击,并长期封锁渡口。5月,起义军口粮不继,处境越来越困难。但起义队伍仍然坚持斗争,毫不动摇。7月起义军杀死清军接护运粮的游击。8月,恒乍绷、乌恒布击溃数千清兵的围攻后,乌恒布被俘牺牲。江外起义中心罗吗洛陷落,恒乍绷和别的扒巧妙转移。总督觉罗琅玕被其主子斥责为"实属无耻无能"。9月，恒乍绷与别的扒在泥金箐被围，别的扒被俘就义。十天后，恒乍绷不幸在拖罗箐被俘，壮烈牺牲。

1801年至1803年（清嘉庆六至八年）滇西北维西地区傈僳族人民联合怒、独龙、纳西、白、汉等族人民举行的起义，是傈僳族历史上第一次反封建起义，也是当时西南地区各族人民起义中最为著名的一次起义。起义延续坚持了22个月，迫使清王朝两次调动大批清军，才把起义镇压下去。这次反清起义，给人们留下了许多可歌可泣的英雄事迹。清王朝镇压这次农民起义是极为残酷的。这次起义也沉重地打击了清王朝的腐朽统治和该地区的封建农奴制，促进了这一地区封建地主经济的发展。在斗争中，傈僳、汉、白、纳西、怒等族人民加强了民族团结，促进了西南各民族之间的经济文化交流。渡江西迁的各族人民，带进了先进的生产工具和生产技术，促进了怒江地区各民族的社会经济发展，同时也加强了边疆与内地的政治经济联系。

4. 中国工农红军二、六军团长征过迪庆

1935年9月，中央红军长征北上，红四方面

三、史海钩沉

军在四川，江南只留下红二、六军团这支主力红军。此时，蒋介石对湘鄂川黔根据地围剿失败后，又调集130多个团的兵力，采取持久战和堡垒主义的方针，对红二、六军团发动更大规模的围剿。红二、六军团曾准备依托根据地，寻求机动，在运动中歼灭敌人，粉碎敌人的围剿。但由于敌人重兵包围，不易分割，敌人封锁却越来越紧。又由于根据地很不巩固，地主武装和土匪活动猖獗，部队给养十分困难，与党中央和军委失去联络，为此，湘鄂黔省委和军分会决定进行战略转移，与主力会合。

11月19日，红二、六军团经过动员准备后，从湖南桑植刘家坪、轿子垭地区出发，开始了长征。1936年3月6日进入云南彝良县奎香地区，至5月13日全军离开云南进入西康。期间横贯云南的昭通、曲靖、昆明、楚雄、大理、丽江、迪庆7个地区，通过云南当时的30个县，攻占了10余个县城，行程4700余里。

1936年4月，红二、六军团18000多人马在贺龙、任弼时、关向应、萧克、王震率领下，于25日——28日兵分两路由丽江、鹤庆先后进抵丽江境内石鼓——巨甸 75 公里长的金沙江沿岸。由于蒋介石多次电令毁坏、沉匿所有渡江船筏,红军渡江遇到极大困难。总指挥贺龙给沿江各渡口士绅写信,动员他们打捞沉船,协助红军渡江。在当地各族群众的帮助下,用 7 只木船(其中 4 只是中甸境内的)、几十只木筏,雇请丽江和中甸(今香格里拉)籍船工 28(迪庆 16)人,分批从木瓜寨、木取独、格子、茨柯、羊犁石、巨甸余化达、丁栏木 7 个渡口为渡江点,抢渡金沙江至中甸一侧,摆脱了 10 余万国民党军队的围追堵截,彻底粉碎了蒋介石"在金沙江附近歼灭肖、贺"的阴谋,取得了战略转移的决定性胜利。

红军总部朱德总司令闻讯后,于 4 月 30 日发来贺电:"金江既渡,会合有期,捷报传来,全军欢跃。谨向横扫湘滇黔,万里转战的二、六军团致以热烈的祝贺和革命的敬礼。"

红二、六军团渡过金沙江后,在中甸(今香格里拉)的金江、上江一带作短期休整、筹粮,调查研究,了解藏区情况,寻访进藏区的向导和翻译,在红军中进行民族政策教育。经老乡介绍,贺龙聘请了熟悉藏区情况的陆云鹤当随军翻译和

三、史海钩沉

向导。

27日清晨，红二军团前卫4师为开辟前进道路，发扬英勇顽强、连续作战的作风，开始向雪山进军。红4师参谋长高利国和团政委朱辉照同志率12团为先锋，由翻译带路，顺立马河北上，沿崎岖小路，向中甸雪山的索那雪峰艰难地行进。当行至空心树附近的时候，突然遭藏族头人汪学鼎民团武装的袭击，12名战士牺牲。

掩埋了战友的遗体，红军继续向雪山前进。由于空气稀薄，呼吸困难，又有同志倒下了。面对雪山险境，红军指战员英勇不屈，以顽强的意志抗饥饿、斗寒冷，团结奋战，克服了难以想象的困难，终于胜利地翻过了雪山。30日，前卫红4师到了中甸县城。5月1日，红二军团直和5师、6师也陆续到达中甸县城及附近。5月3日，红六军团直和16师、17师到达距中甸县城50里地的南坝（打拉）一带。

国民党县长段韬、土司头人早已逃跑，绝大多数群众因受反动宣传也纷纷躲避。当红军大队人马到南大门外大塔前，有少数群众手捧哈达、举着香炉上前迎接。

红二、六军团指挥部设在独克宗藏经堂内，设立中华苏维埃人民共和国中央军事委员会湘鄂川黔分会中甸城军分会。红军请藏团、汉团、商界代表座谈，贺龙向他们详细询问有关情况，要求给予支持。30日下午，归化寺松谋活佛派夏那古瓦等为代表进城晋见红军总指挥贺龙，以弄清红军动向。贺龙热情接待他们，并向他们宣传红军过藏区的意图和红军的民族、宗教政策，消除了大寺对红军的疑虑。贺龙又将几份布告和宣传品交夏那古瓦转交大寺，并致信八大老僧，掌教八大老僧台鉴：（一）贵代表前来，不胜欣幸。（二）红军允许人民宗教信仰自由，因此对贵喇嘛寺所有僧侣生命财产绝不加以侵犯，并负责保护。（三）你们需即回寺，照安大业。并要所有民众一概回家，切不可轻信谣言、自造恐慌。（四）本军粮秣，请帮助操办，决照价支付。（五）请即派代表来接洽。

30日起，红军以走访群众，召开座谈会、联欢会、表演文艺节目等形式，进一步宣传红军的宗旨纪律，希望藏民为红军筹粮和当向导、翻译。沿街张贴"兴盛番族，兴番灭蒋""扶助番民独

三、史海钩沉

立解放""优待少数民族、保护土司头人的生命财产""保护寺庙,尊重僧侣""买卖公平,不拿群众一针一线""红军是番民的好朋友"等标语。外逃群众陆续返城,许多群众帮助红军背水,加工粮食,到附近村寨筹购军粮。后续部队进城时,群众自觉聚集到南门外迎接。

5月1日,归化寺又派夏那古瓦为首的8名大寺代表,携带礼物进城慰问红军,并转达八大老僧邀请贺龙总指挥到大寺访问的意愿。贺龙欣然应邀。2日,贺龙带40余人回访归化寺,赠送一幅书写着"兴盛番族"的锦幛、一对江西大瓷花瓶及其他礼品。并就红军政策、北上抗日、委托筹粮等进行了友好交谈。八大老僧表示拥护红军,为红军筹办给养。

当天,红军在归化寺大门上张贴《中华苏维埃人民共和国中央军事委员会湘鄂川黔滇康分会布告》,并派部队到大寺各门口站岗,严禁部队入寺。

5月3日、4日,归化寺及喇嘛商人、富户打开仓库,出售青稞、食盐、红糖等食品物资给红军。在两天中,红军共筹粮约10万斤。

5月2日贺龙从归化寺返回后至5月3日，二军团和前一日入城的六军团十六师在贺龙、任弼时同志主持下，在藏经堂召开连以上干部参加的党的活动分子会议（后称中甸会议），总结从贵州盘县到中甸近一个月的经验教训；研究藏民地区工作的政策和策略；传达中央关于目前形势与党的策略路线决议大纲，向全军报告继续北上，在西北创建全国抗日根据地的战略方针；确定二、六军团从中甸兵分两路，取道得荣、乡城，会师甘孜；提出全军目前的任务。

为了使中甸会议精神尽快传达到广大红军战士中，总指挥部将中央的决议大纲及中甸会议的内容，通过召开各种会议，广泛进行了宣传教育。5月5日，六军团进驻县城后，召开政治干部会议，传达中甸会议精神，政委王震作《目前形势与任务的报告》，政治部主任张子意作《关于藏区工作政策问题的报告》，形成了在藏区工作的7条政治纪律。同时广泛开展了宣传群众、整训筹粮的工作。

5月5日，红二军团离开中甸(今香格里拉)城，开始向尼西——得荣进发。7日，红二军团前卫

三、史海钩沉

部队到中甸（今香格里拉）、德钦和得荣三县结合部的资纳腊山口时，遭德钦东竹林寺水边活佛和得荣头人带领的地方武装的阻击，5师参谋长汤福林、连长肖学志和十几名战士牺牲。红军击溃地方武装的阻击后，于8日全部进入得荣境内。

5月9日，红六军团开始向格咱——乡城方向进军。10日前卫部队于翻越翁上海拔4000米的纳雅雪山，12日翻越翁水海拔4200米的白浪雪山，13日入驻乡城县城，后续部队全部离开香格里拉县境。6月30日，红二、六军团在甘孜与红四方面军会师。

从1936年4月25日巧渡金沙江进入迪庆，5月13日全军离开中甸（今香格里拉），红二、六军团主力路经中甸（今香格里拉）7个乡（镇），22个行政村，114个村庄；前卫部队和后卫警戒部队途经中甸（今香格里拉）、维西、德钦三县。在迪庆境内19天，历程405公里，翻越3座大雪山，经历了与反动武装的2次战斗，160多名指战员长眠在中甸高原，县内7人随军北上做翻译、向导，先后牺牲。

由于正确执行民族、宗教政策，红军在中甸（今香格里拉）县境内得到短期的休整,并筹集粮秣,为继续北上甘孜作了思想上和物质上的充分准备。红军长征过迪庆给雪域高原播下了革命的火种,为以后开展革命活动打下了基础。也就是当年红军走过的这片热土,革命的火种在金沙江两岸燃起,无数的雪山儿女为了新中国的诞生,踏着红军的足迹,在党的领导下,谱写了一曲曲壮丽的篇章,涌现出许多可歌可泣的英雄故事……

5. 干岩房战斗

为堵截红军,汪学鼎带领民团事先在上江福格通往小中甸的要道干岩房修筑了一道石砌的工事。4月28日,红二军团四师前卫部队由福格向中甸急进,天刚亮,在头道桥设伏的哨兵突见红军冲来,慌忙间开了一枪,便往回逃命。前卫部队追至干岩房,隐藏在密林中的民团突然开火,两名尖兵当场牺牲,红军被迫停止前进。四师参谋长高利国用望远镜观察,干岩房两旁是悬崖峭壁,前面小路左侧是一堵岩房,右侧是立马河,小路拐了个弯进入左岸密林之中,什么也看不见。高参谋命令机枪、步枪一齐开火,火力侦察,打得岩壁火星四溅,民团凭着密林隐蔽拼命向红军

三、史海钩沉

射击。听枪声,匪徒不过百多人,武器不过是些九子、独子、火枪。高参谋命令停止射击,话音刚落,一颗子弹射中他的腹部,他用手按住腹部,指挥部队攀登两侧悬崖,抄袭民团后路。民团拼命射击,12团政委朱辉照左臂中弹,高参谋长举枪驱马向前冲去,一个头戴金边帽的小头目打伤了高参谋长的坐骑,高参谋长一扣板机,小头目从一棵大栎树旁栽了下来,这时,高参谋也坚持不住,从马背上滑了下来,停止了呼吸。红军用绑腿做绳梯,攀上悬崖,匪徒见势不妙,派人向汪学鼎报告。汪学鼎正满不在乎地盘腿坐在羊窝铺前马褥上,靴子鞋带丢在一边,听完报告,他大吼道:"死死挡住,死了有赏,失枪的罚款,逃跑的丢水、抄家、绝户为奴!"去报告的人跑回去传令,跑到三道桥,只见路两边坡上、河中到处是红军,有的正分腿骑在竹梢上往下溜,把传令的吓得惊叫:"快跑、快跑,汉匪来了"。民团被吓得一溜烟全跑光了,连路丢下了许多糌粑、盐茶口袋。在战斗中红军为了执行党的民族政策,没有进行还击,只采取迂回驱逐的办法将汪学鼎的门户兵赶走,红4师参谋长高利国及十多名红军战士牺牲。红军掩埋了高参谋和战友的遗体,继续向中甸前进。

6. 中甸会议

中国工农红军红二、六军团长征过中甸休整期间,于5月3日,由贺龙、任弼时主持,红二军团在藏经堂召开了连以上干部参加的党的活动分子会议(后称中甸会议),总结从贵州盘县到中甸近一个月的经验教训;研究藏民地区工作的政策和策略;传达中央关于目前形势与党的策略路线决议大纲,向全军报告继续北上,在西北创建全国抗日根据地的战略方针;确定二、六军团从中甸兵分两路,取道得荣、乡城,会师甘孜;提出全军目前的任务。

会议主要内容:

1. 进一步贯彻"盘县会议"关于北渡金沙江,与红四方面军会师甘孜的精神,总结从盘县到中甸近一个月的经验教训。

2. 传达中央关于目前形势与党的策略路线决议大纲。向全军报告继续北上,在西北创建全国抗日根据地的战略方针。

3. 研究藏民地区工作的政策和策略。

三、史海钩沉

4.决定红二、六军团在中甸短暂停留休整,进一步宣传北上抗日的意义,求得广大藏民的支援,筹集粮饷,摸索藏区群众工作的初步经验。

5.确定二、六军团从中甸分兵两路,取道得荣、乡城,会师甘孜。

6.提出全军党员目前的任务。

(1)争取一般藏民的工作。

(2)做喇嘛寺的工作。

(3)筹集粮饷。

中甸会议确立了七项政治纪律:

①严禁进驻喇嘛寺、毁坏经典神像祭仪、侵犯寺院及僧侣;

②尊重藏民的宗教信仰自由及风俗习惯;

③不准侵犯藏民的人身安全;

④藏民不在家,不准进屋;

⑤保护土司头人、小商贩的财产,藏民地区不打土豪;

⑥严禁庄稼地里放骡马;

⑦买卖公平,不拿群众东西。

7. 资纳腊战斗

1936年5月5日,阿昌。春争、扎格香尊、格仁图春争、古水得本等带古学区古水、奔子、开江和四个舒卡藏团300多人，步枪100支，火枪200支，悄悄摸到上桥头村资纳腊山口，垒滚石、砌垛子，妄图据险阻击红军。

5月7日早，五师先头部队抵达上桥头村，发现路边一块木牌上写着："红军长官：我们上桥头村，只有18户穷佃户，都由此逃到山头上去了，在上桥头村以内，没有土匪袭击你们；上桥头村对面的资纳腊山上，有土匪袭击你们，切望警惕。敬祝安康！上桥头村廖扎安，5月5日夜"。五师参谋长汤福林字斟句酌地看了两遍，又环视了一下周围地形说："不像是圈套，同志们，做好战斗准备"。命令部队呈一列纵队向资纳腊开进。红军快接近资纳腊山口，突然枪声大作，桥头村口两名战士中弹牺牲，紧接着石头满山遍野滚来，民团的狂叫声、石头的撞击声、枪声响成一片。红军一个机枪排立即登上资纳腊对面上桥头村后峦巴独山头，两个排泅过冈曲河爬上垭口南的岩坡，机枪居高临下朝资纳腊以北民团扫射，过河的红军乘势冲到敌人阵地前，民团吓得喊爹叫娘，沿着山梁往回跑，十五六个顽匪沿山梁边打边退，

三、史海钩沉

汤福林率战士紧追不舍。一颗子弹飞来,连长肖学志中弹牺牲。追到习母康山脚的战士顺一个岩槽悄悄朝山梁爬去。这时,德钦常备连和维西五区区长王兆龄的僧俗民团聚集在格浪水村边打枪边叫喊。红军从资纳腊炮击 3 发,炸毁地主补约家楼房,打死奔子栏一个百长,民团四散逃窜。阿昌春争发现从岩槽爬上去的红军,一排子弹扫过去,三名红军中弹牺牲。汤福林听枪声不对,刚转身往下看,一颗子弹击中胸部,他倒在战士的怀里,用微弱的声音说完:"继续北上!"便停止了呼吸。战士们义愤填膺,猛冲过去,将几个顽匪击倒在山坡上,其他民团见势,逃得无影无踪,红二军团继续向得荣挺进。

8. 维西 5.12 暴动

1949 年 5 月 12 日(农历四月十五日),农民自卫队分两路,一路控制县政府,一路奇袭其他部门。在地下党钱如嵩、杨华、胡光烈、钱金龙等同志的指挥下,由则那赵耀奎家出发,很快包围了县政府。李子厚、和荣海两人已提前一天准备了武器,有步枪 38 支,子弹 9000 多发,加之钱宣、王国柱、罗子明等人的内应,自卫队完全控制了局势，县政府军火交给自卫队，县城高呼口号，"打倒封建官僚，打倒贪官污吏""人民要民主，要自由"等标语贴满县城。维西地下党领导的武装暴动成功了，维西宣告解放。1949年9月，滇西工委派木继孔(木承圣)、颜凤鸣、和月辉等前来维西组建人民政府，任命木继孔为县长。同时，由木继孔主持组建维西县工委会，接替原维西党总支的工作。9月21日，由木继孔主持召开了原维西党总支的部分领导钱如嵩等参加的会议，组建了地下党维西第一个工委会。1949年10月1日，维西县人民政府在北箭道广场宣告成立。

9.德钦扎古武装斗争

扎古位于德钦县燕门乡和云岭乡交界处，是一座冠形山崖，长约1千米，北面俯瞰木打河谷，南面是峭壁千丈的深渊，西面是澜沧江峡谷，东依崇山峻岭，离沿江德维公路约5千米，上扎古仅有一条从东面一块巨人似的悬崖上通过的小路，地势险峻。扎古山崖附近坐落着禹功和永仁两个村庄。

20世纪初，德钦土司械斗不断，人民生活在

三、史海钩沉

水深火热之中。1947年,新任设治局长未通过三乡一镇土司头人私下委任赵吉英(禹功上村地主特拉共巴家的女婿,巨水赵家原伙头阿初的弟弟)为民团大队长,此事引起阿东土千总禾德顺、土把总桑树林和巨水土外委吉福等人的极大不满,密谋杀掉赵吉英。同年9月,赵吉英在升平取水农遭到吉福手下的埋伏而中弹身亡。1949年1月17日,吉家在燕门乡小燕子崖设伏枪杀了赵吉英儿子桑主培初等4人,并带兵围攻禹功和永仁。1月25日,桑主培初的心腹和得力助手李阿土当机立断,带领禹功、永仁、沙中、尼通水等村160多村民,揭竿起义,上了扎古崖头,开始了扎古武装斗争,先后打退了土司武装的9次进攻。1949年8月初,贡水伙头赵正雄应滇桂黔纵队7支队33团3营朱存义的要求,令亲信巴嘉令主带领14名藏兵联合扎古起义队伍18人共计32人组成增援队伍,由李阿土带队火速驰援维西解放区,参加反"围剿"斗争。后来,参战的扎古武装队伍18人全部参加了中国人民解放军,编为边纵7支队33团直属骑兵队,任命李阿土为队长。骑兵队先后参加8次战斗,荣获"人民铁骑""战斗英雄"称号。1950年5月,德钦和平解放,扎古武装斗争宣告结束。

10. 箐口事件

1949年5月,中共滇西工委所属金江特区(丽江、中甸金沙江两岸)开始成立政权机关,建立自卫队。7月1日,丽江县解放,金江特区工委归属中共丽江中心县委领导。19日,中甸县县长张祖年和汪学鼎图谋投革命之机,在县衙门召开"吹云"会议,自行宣布中甸"解放",成立维持会,聚众上街游行。10日致信丽江,"请求派员指导工作"。中共滇西工委于7月25日和8月1日相继发布两份通报和《告滇西少数民族同胞书》,宣传民族政策和宗教政策,力促中甸县和平解放。8月中旬派工委委员王以中率领后勤主任李烈三及警卫班等29人组成的代表团,赴中甸谈判。25日,代表团途经江边驻扎所邑村时,获悉卢汉诱委汪学鼎为副县长,于当日在县城就任,政教上层和商会合谋筹办三天大戏为汪祝贺。国民党西昌行辕主任贺国光,委汪为师长,怂恿其协力反共,汪学鼎反复无常,有恃无恐,就职讲话公开叫嚣"中甸不能解放",谁联络共产党就

三、史海钩沉

"抄家灭族",并网罗乡城、东旺数十名武装暴徒藏匿于县城伺机作恶。27日,王以中一行抵达县城,30~31日,在陈延年家先后与汪谈判两次,讲解形势,晓以大义,汪却强硬表示:只听国民党卢汉的,"昆明怎样办,我就怎样办",并托词邀请代表团到小中甸继续会谈。9月1日,汪回小中甸,王以中等到松赞林拜访,与八大老僧互赠礼品。并赠送中共滇西工委《约法八章》等宣传品,讲明来意,宣传政策。寺院表示:共产党好,但中甸的事由汪学鼎做主。次日晚,王以中召集县城地下党员组成城区党支部,部署工作。3日下午,代表团为仁至义尽继续争取汪学鼎,按约前往小中甸,由汪留下的民团大队长鲁茸汪堆随行,因藏族有"来时不打,去时不害"的古训,代表团疏于防范,行至距县城十多公里的箐口,代表团突遭汪预伏武装的袭击。还击战中,李烈三、和承宗、木金全、和国珍牺牲;和荣兴、木尚训、和继良、和开泰、王道生等负伤;王以中只身隐蔽至天黑,摸索回到县城,经张祖年掩护,由地下党约请松永年、阿怒谷汪丹二人取道五境昌觉渡江,护送至巨甸;其他人员也辗转回到解放区。

· 129 ·

县城地下党请城防义务大队出面，派人安葬烈士遗体，雇请藏族群众带着松赞林更觉活佛书赠的通行文书，将伤员转送到金江。事后，汪学鼎欲盖弥彰，竟声言是乡城人在丽江被李烈三等人没收了七支枪，因此到箐口报仇。直到1959年4月汪才检讨承认："当时认为他们想来占中甸，我不服他们管，就布置人把他们整掉"。

（三）历史人物

1. 帝玛尔·丹增彭措

帝玛尔·丹增彭措（生卒年月不详），男，藏族，公元18世纪后半期起生活在维西县境。学识渊博，著有佛学、声韵、工艺、历算等方面著作。他曾长期在青海东部和南部、西藏东部、四川西部进行实地调查。回县后又继续进行研究，并对历代藏医药学的经典著作进行深入考证，然后潜行著书立说，前后用了近20年时间，于清道光十五年（1835年）写成藏族医药学名著《晶珠本草》，历经5年的刊刻，于道光二十年（1840年）成书问世。此书又名《药物学广论》或《无垢晶串》，藏名《知麦协称》或《协称》，收录藏药2294种，是一部集藏族药物学之大成的巨著。1986年12月，上海科技出版社将此书翻译成汉文出版。

2. 夏那古瓦

夏那古瓦（1894—1959年），原名孙诺培楚，男，藏族，中甸县大中甸乡（今香格里拉市建塘镇）夏那村人，任松赞林寺直管杰斯舒卡古瓦（村长），故称夏那古瓦。1936年4月29日，中国工农红军二、六军团到达中甸，夏那古瓦受松赞林寺之托，率吾吕丹巴、杨乐天、杨友清到县城藏公堂红军指挥部求见总指挥贺龙。贺龙热情招待，并耐心向他们讲解宣传党的民族、宗教政策，并委托他将给八大老僧的信和一些宣传品带回松赞林寺。夏那古瓦回寺后，向众僧讲述了党的民族和宗教政策，消除了众僧对红军的疑惧心理。5月2日，松赞林寺又派夏那古瓦等八人为代表，捧着哈达，牵着牛羊，背着青稞酒，驮着酥油、糌粑等礼物进城慰问红军，并邀请军团首长到大寺观光。5月3日，贺龙应邀前往，向松赞林寺赠送了"兴盛番族"的锦幛和礼品，并向僧众宣讲政策。八大老僧打开3个仓库，卖给红军3万余千克青稞，夏那古瓦受到贺龙的赞扬，并给夏那古瓦颁发了委任令,委托夏那古瓦为红军"安抚和招徕全体居民",并为红军"采办给养"。

夏那古瓦的胆识和行动受到僧俗民众的称赞。中甸解放后,夏那古瓦任大中甸副区长。后到西南各地参观,在昆明期间,贺龙从北京给他寄来一张全身照片和一些书籍作为纪念。1957年夏那古瓦被选为政协迪庆州委员会委员。1959年病逝。

3. 汪学鼎

汪学鼎(1886-1961年),男,藏族,中甸县东旺乡新联村扎路江仲汪学顶村人。

汪学鼎10岁进松赞林寺,受沙弥戒29岁任康参格干。1919年,香格里拉县奉命随田赋粮加征附加军饷捐,东旺300户藏民发动抗捐暴动,汪等11名东旺喇嘛回乡参与暴动。汪被推为百长。后暴动组织蜕变为"扎那松加"(即"黑匪三百"),四处抢劫,汪家从此富裕起来。

1923年,汪学鼎接受当局招安,出任中、维、阿团防副指挥,率部进驻中甸县城,听命政府,抗匪捕盗。地方曾一时平静。1925年,汪出征永宁,参与平息"白角坝事件"。翌年,任中甸民团指挥。

三、史海钩沉

拥有兵丁2500余人。汪严立法规，不听调遣者轻则处死，重则抄家灭族。此时汪的权力常凌驾于23员土官和县长之上。1926年，汪率部大败东旺、乡城、稻城农奴主土匪武装，获云南省长唐继尧金色梅花奖章一枚。1927年11月，县长杨以炯委汪为中甸县五境僧俗团务指挥。

1929年1月，汪率队兜剿乡城土匪七八百人，大胜，县长杨以炯奖给"保卫桑梓"匾额一方；7月，又获云南省主席龙云颁发的七等军功牌照奖。1931年又委汪为中甸保卫团常备队大队长。1932年，国民党西康省党务特派员、省防军司令格桑泽仁又委汪学鼎为本署参谋处上校参军兼康南民兵第一路统领。以后多年，凡香格里拉地方发生土司头人仇杀械斗，省、专多派汪去调停、弹压。汪树敌过多，为防不测，1934年迁往向卡建房筑城而居，从此在香格里拉小中甸独霸一方。

1936年，汪受安恩溥指令，率民团在干岩房阻击北上过境的中国工农红军二、六军团，打死打伤红军战士数十名。后看到红军秋毫无犯，心中有所愧悔。1938年10月，汪暗派藏民在箐口驱逐民国政府清丈处官员。

1942年，民团大队长夏庚念哇在大理被宋希濂召见，倍加器重。汪学鼎顿生妒心，诬夏"通匪抗命，图扰江边"等八条罪状，借故骗夏至城中刺杀。夏庚被害的第二天一早，松赞林寺活佛松谋亲自赶到县城，见汪学鼎纳头便拜，说："你现在很了不起了，连夏庚也被你杀了，不知哪天还可能来杀我。"汪被大活佛的言语举动吓傻了眼。事后，汪觉得自己造孽太多，于1946年准备进藏朝佛，地方绅耆及县长竭力挽留，卢汉以"闾里以安"匾额嘉奖。1947年，汪进藏朝佛，行前表示："我一生做了许多僧人不该做的事情，要去佛地赎罪，铺一条去阴间的好路。"一年后汪回到香格里拉，传言道："拉萨护法神对我说：'结塘（香格里拉）众生很需要你回去，要回去保卫家乡。'"此后仍任民团总指挥。

1949年，云南西北革命风暴刮到香格里拉，汪学鼎在小中甸坐观风向。5月，派一队骑兵随何其昌（中共地下党员）追剿罗瑛匪帮，表示"愿与共产党联合"。8月，却又接受云南省国民政府委任，担任中甸县代理副县长。9月，汪在箐口伏击中共云南西北工委派往香格里拉谈判和平

三、史海钩沉

解放事宜的代表,杀害李烈三、和承宗等代表团成员。冬,又奉余建勋指令,纠集中德维三县土司及寺院武装,进攻丽江、维西、兰坪通甸等解放区。1950年3月,汪见大势已去,又派人前往鹤庆刺探解放军的态度。5月10日,中甸和平解放。15日,汪走出山林在箐口与师长廖运周、县长孙致和见面。汪见廖、孙不带一兵一卒、一枪一弹,大为震惊,郑重接受了云南西北专员公署签署的副县长委任状。但汪一直未到政府就任。

1951年5月,汪学鼎和汪曲批密谋策动云三坝民族头人杨振华叛乱。9月,杨匪行将被歼,汪又主动向廖师长献马投降。1952年3月,廖回丽江开会,汪乘机发动第二次武装叛乱。当平叛部队进驻中甸时,汪却躲在东旺遥控指挥。为防止汪向西藏窜逃,廖运周故意放风说:"汪学鼎逃到西藏最好,我给张国华军长发个电报,就能把他抓回来,他要是上山钻洞我就不好办了。"此话传到汪学鼎耳中,汪果然率几十人骑躲进了东旺扎宗岩洞。解放军包围了岩洞,以一个班的兵力登上洞顶,汪走投无路,只好下山投降。遵照中共云南省委书记宋任穷电示,汪被护送丽江。

不久,出席丽江专区各族各界人民代表会议。会上,汪对挑起武装叛乱一事作了检讨。1953年,任省民委组织的少数民族参观团团长,率团到成都、重庆等地参观,受到贺龙接见。后来贺龙又托人捎口信给他,肯定了他反对国民党清丈、征兵,制止金元券在中甸流通等方面对地方做出的贡献,鼓励他安心工作,跟共产党走。汪听了,高兴得拍掌欢呼并表示:"比我汪学鼎罪恶大的人没有了,也既往不咎,我今后只有好好跟共产党走。"他的转变,对中甸大多数上层人士的稳定起了一定作用。

1957年9月,迪庆藏族自治州成立,汪学鼎当选为副州长,以后又被选为省人代会代表,历任省民委副主任、政协云南省委员会委员。1961年7月病逝。

4. 马铸材

马铸材(1891-1964年),名金品,字铸材。藏名荣坤·次仁桑主,男,藏族。少年失学进"公鹤昌"商号当店员,成年后,从事马帮贩运,往来于滇川藏与印度之间。后来靠自己的积蓄,在西藏独自经营。1920年侨居印度噶伦堡,逐渐扩大经营，生意日兴，信誉日增。抗日战争期间，日本封锁滇缅公路，扼断中国西南国际运输咽喉，危及国内市场及抗战后勤供应，马铸材等率先带动大批商贩、马帮，扩展滇、藏、印"三角贸易"，发展了民族经济，支持了抗日战争。为支援抗战，他还同在西藏的恒盛公、永昌祥、元德和、协树昌几家商号合献飞机一架（折价为25万元法币）。

马铸材一生生活简朴，身居国外，处处维护祖国尊严，团结华侨，创办了噶伦堡中华学校，任名誉校长。在国内，多次捐资在丽江、中甸等地兴办文化设施，出高价买下藏文珍本《甘珠尔》捐赠中甸"朝阳宫"收藏。购买紧缺物资支援青藏、康藏公路的修建。1953年，应邀率印度、巴基斯坦华侨回国观光，参加国庆盛典，受到党和国家领导人的接见，亲自将南亚各地华侨给政府和人民的上千封书信面呈政务院华侨事务委员会主任何香凝。同年，致函中甸县人民政府，愿将家乡所有房产捐赠地方，兴办教育。1956年，国务院总理周恩来、外交部部长陈毅访问印度，马铸材立即派长子马家夔前往加尔各答晋见致敬。1959年，印度掀起反华逆流中被栽赃陷害入狱，直至

1962年1月,噶伦堡地方法院被迫宣判无罪出狱。3月13日,马铸材回到北京,"五一"国际劳动节受到党和国家领导人的接见,出席全国政协和侨委主任廖承志为归国华侨和港澳同胞来京观光代表举行的酒会,列席了全国政协第三届委员会第三次会议。此后,马铸材回昆明定局,任中国接待和安置印度华侨委员会委员、云南省政协常委、云南省归国华侨联合会常务委员。1964年10月4日,因心脏病复发在昆明逝世,享年73岁。

5. 汪忍波

汪忍波(1900-1965年),男,傈僳族,维西县叶枝乡岩瓦洛人。从小备尝生活的艰辛,一生勤劳俭朴,会木匠、石匠、编织竹器等。跟东巴学习过念经祈祷、占卜和祭祀鬼神。15岁时,父母双亡,便独自一人谋生。23岁时开始创造傈僳族音节文字。曾任第20代祭天主持人。

汪忍波不仅在创造文字中表现出超人的毅力和智慧,还在推行文字中做出了艰辛的努力。

汪忍波还用他创造的傈僳族音节文字写下了许多诗文和记录了大量的故事传说等。民国年间,他写了一篇7000多字的自传。1954年昆明观光时,

三、史海钩沉

又写了一首800多行的长诗,满怀激情讴歌新的时代。目前已收集到他亲笔书写记录的祭天古歌、故事传说、占卜文书、傈僳太极图等数万字文献资料,还有木刻雕牌等。1956年10月9日病逝,享年65岁。

6. 海正涛

海正涛(藏名恭布泽仁,1902—1946年),德钦县升平镇人。幼年受伯父海英隆(曾任地方团总)狭义思想熏陶,养成疾恶如仇、不畏强权、处世公道的个性。年轻时曾率众反抗国民党贪官污吏的横征暴敛,被当局以"领头反抗政府税收"为名关押。获释后外出求学,曾辗转大理、昆明八年之久。

1935年,国民党中央蒙藏委员会委员格桑泽仁与西康宣慰使、昌都类乌其寺管家诺那密结"康人治康"之约,带海正涛入康北阻截过境之中国工农红军第四方面军。在中国共产党民族政策及红军团结抗日主张的感召下,海正涛投身革命,1936年5月,在四川省甘孜组建的博巴中央政府任自卫军司令。朱德总司令曾为他讲解革命道理,曾送进步书刊并合影留念。红军北上后,博巴政府遭到破坏,海正涛离开甘孜,任巴塘波密邦达多吉骑兵大队副官。

1942年,日寇入侵缅北,滇西形势紧张。海正涛接受宋希濂将军委任,担任国民党德钦设治局独立支队司令。他在家乡主持政务期间,减免差役,取消当地迎送长官杀鸡宰羊焚香礼拜的惯例,提出一系列发展农牧业生产、改善人民生活、普及文化教育的设想,深受各族群众的拥戴。由于他名高故里,为人谦和,上层人士愿意服从他的调遣,停止械斗,使地方百姓避免了无休止的战乱。

1945年,海正涛得知西康平措汪阶领导的高原共产主义小组的活动,主动写信与他联系。年底,邀请他到德钦共商大事。在取得一致意见后,他们草拟了《东藏自治同盟简章》,海正涛还向平措汪阶表示要加入运动小组的决心。经过秘密策划,准备组织人力把储藏在家中的枪械运往昌都开辟革命根据地。海正涛的行动引起国民党当局的注意,策谋当地反动上层人士纠结地痞恶棍将其枪杀于家中,并查抄出"自治同盟简章"等文件,四处搜捕同盟小组人员。平措汪阶等同志在转移途中，召开临时会议，追认海正涛为高原共产主义运动小组成员（1947年7月，根据中共康地工委指示，运动小组成员一律转为中共党员）。

1950年德钦和平解放，海正涛被追认为革命烈士。

7. 李向文

李向文（1915—2003），香格里拉市金江镇兴文村礼都人。

1934年，被抽壮丁，在县城常备队服役。1936年，中甸常备队被编入国民党滇军14军184师453旅。抗日战争爆发后，滇军奉命编组成陆军第60军开往前线。抗战八年，李向文追随184师先后参加了徐州保卫战、血战台儿庄、坚守禹王山、东庄、九里山等重大战役。特别是以滇军为主的台儿庄阻击战，战斗中李向文小腿负伤仍坚持战斗，在阵地上被晋升为上士副排长。

1945年抗战胜利，184师奉命前往越南受降。在驻越期间，参加了海防保卫战。

1946年5月初，驻越滇军奉命北上去东北打内战，184师乘船从越南海防出发，经台湾一宿，于5月11日到达葫芦岛，驻海城一带。5月30日，师长潘朔端通电全国，宣布184师起义，脱离国民党。蒋介石派出大部队围追阻截。为保存实力，起义部队辗转避入朝鲜境内，在朝鲜人民军和苏联驻朝部队的帮助下重返祖国东北，加入了中国人民解放军的行列。经过整训和改编，李向文被编入人民解放军第四野战军162师特种兵高炮直属三营三连，担任二排排副兼二班班长。

在解放战争中，李向文所在的部队首先参加了辽沈战役解放周边市县的战斗，在波林箐沟战斗中，主动献计请战，部队最终获得战斗的胜利，李向文荣立二等功。在随后夺取法库的战斗中，他又立了一次一等功。1947年12月，在解放沈阳的战斗中，因作战勇敢，李向文在火线上加入了中国共产党，成为中甸籍人士中的第一个中共党员。

1950年海南岛解放后，参加了当地的土改工作。之后参加了抗美援朝战争，并荣立两次战功。1952年初，李向文被组织上送到湖北省实验中学军转地干部训练班学习，学习结束后，未接受组织的转业工作安排而回乡。

回乡后,他谢绝了组织对他的工作安排,和乡亲一样默默无闻地劳动。1987年以后,李向文先后当选为中甸县政协委员,中甸县优秀共产党员,受到乡亲和各界人士的敬重。

8. 杨湛英

杨湛英(1916—1955),男,白族,维西地下党主要负责人。1916年生于维西县白济汛乡黑日多村。1939年在昆华师范读书时经陆光亮、包平章二人介绍加入中国共产党,在云南二届省工委"青委"及西南联大地下党总支的领导下从事学运工作。1941年秋,受省二届工委的派遣到维西一带开辟地下工作。在此期间曾先后到中甸、德钦、兰坪、泸水、碧江、福贡、贡山等地考察民族情况,做社会调查并撰写《滇西边区考察记》。1946年后又几次回到维西,组织领导了维西初期的群众斗争。1948年秋开始在维西发展地下党员,筹组农民自卫武装。曾任维西第一个地下党总支书记,农民自卫大队总指挥。1949年6月,由于环境所迫杨即交代了手续离开领导岗位。10月从维西绕道野人山、腾冲、保山到昆明找党的上级组织反映情况，弄清问题。不料到保山后被怀疑有特务嫌疑和托派问题而被关押受审。后安排到腾冲中学、保山中学任教。1955年7月在保山含冤去世。党的十一届三中全会后，经保山地委批准给予平反昭雪，恢复政治名誉，承认生前党籍。

9. 李阿土

李阿土（1911—1975），藏族，德钦县燕门乡禹功村人。李阿土成年后，离开家乡给人当"腊都"（马脚子），走南闯北，见多识广，学会了汉、纳西等多种语言。

1949年初，禹功、永任、沙冲、尼通水等村一百多人，在李阿土等人的带领下，以扎古（地名）为据点，组织反对土司的武装斗争等待解放。

1949年8月，李阿土带领斯那吉称、丹巴罗丁等14名武装人员投奔解放军，编入边纵七支队三十三团藏族支队，李阿土被任命为队长，相互参加了在叶枝、小维西、合江桥、见明资底、下甸坡、云龙县城、大栗树、腾冲、马茂等地发生的多次战斗。

1950年1月，边纵七支队三十一团和三十三

三、史海钩沉

团合编为三十一团,两支骑兵队和三十五团骑兵队合编为支队直属骑兵大队,李阿土被任命为直属骑兵大队副大队长兼第二中队队长。4月,支队直属骑兵大队奉命改编为14军军直骑兵大队。在41师和14军英模大会上,李阿土获"人民铁骑"绶带和"战斗英雄"称号。

中华人民共和国成立后,李阿土转业回地方,先后在香格里拉市、迪庆州公交局、德钦县农水科工作。1975年在家病故。

10. 王康司

王康司(1925-1990),男,藏族,中甸县大中甸乡四村人。王康司七岁即随父亲外出帮债主挖金,曾被土匪抓去卖为奴隶。家景好转后奉父命去承恩寺当和尚,不久随寺院卷入地方武装的械斗中。战败后避祸去为鲁茸玉丹赶马帮,后来代鲁茸玉丹参加"雪山社"组织的藏族马队去攻打罗瑛部队。之后,在鲍品良、李烈三的动员下,王康司留在丽江成为"雪山社"联防大队藏族武工班的战士。1949年6月底,藏族武工班编入藏族骑兵队。在解放滇西北的战斗中,他屡立战功,荣获"人民铁骑""战斗英雄"等称号。1951年

2月调回中甸县工作,先后参加了三次平叛斗争。1954年4月经木林、李万福介绍加入中国共产党。1981年退休,1990年12月7日去世。

11. 杨炎后

杨炎后(藏名斯那尼玛1926-2000年),男,藏族,原籍云南省德钦县,1926年12月出生于云南丽江县,1948年3月在丽江参加中国人民解放军滇桂黔边纵队,任地下交通员。1949年4月加入中国共产党,1945年5月任边纵7支队31团藏族骑兵大队大队长。1950年3月任14军直属骑兵大队大队长,参加了鹤庆、丽江、剑川、迪庆、大理、保山、腾冲等地的解放战争、剿匪战争。1950年、1951年在2野4兵团14军被评为战斗英雄,出席了师和军的英模大会。

1951年3月,杨炎后同志被选派到中央军政干部训练班学习。1951年8月到中央民族学院担任实习队队长、政治系班主任、院党委委员、院学生会主席、全国学联副主席,作为优秀少数民族青年干部代表,曾多次受到毛主席等老一辈无产阶级革命家亲切接见和直接教诲。分别到德国柏林和罗马尼亚布加勒斯特参加了世界青年联欢节,并出席世界民主青年代表大会。

1957年底,杨炎后同志当选为首任迪庆藏族自治州中级人民法院院长。1976年至1982年底曾先后任迪庆州民政局局长、迪庆州政协副主席。1983年1月调云南省民委任专职委员。1994年12月经省委批准离职休养。

杨炎后同志曾任第四届省政协委员,第五、第六届省政协常委,全国援藏基金会副理事长。

2000年1月20日,杨炎后因突发心脏病在昆明逝世。

12. 松谋·昂翁洛桑丹增嘉措

松谋·昂翁洛桑丹增嘉措(1899-1967年),男,藏族,出生于大中甸乡诺西村夏那做卡家。被松赞林朵克康参认定为第十七世松谋活佛转世灵童。

松谋·昂翁洛桑丹增嘉措,幼年在松赞林受沙弥戒,在著名纳西族格西鲁茸尼玛座下攻读藏文及佛学基础理论。1912年进藏学经,加入哲蚌寺崩拉康参,受丘比戒,精研佛学理论,受色康巴布钦经师影响较深。同时潜心于藏医藏药,得到灌顶传承,以"经典精湛,修持严谨"深得滇、川、藏边区僧俗信仰。后因管家生意亏本,无力布施僧众,未能举行参加在寺高僧主持下的拉热巴格西合格仪式。1921年回松赞林后,协助掌教进行沙弥、比丘、居士等戒律教育,讲解经行道路次第和佛教经典传承,整顿寺内清规,主持新建松赞林主寺和加筑寺院城墙。

1936年,中国工农红军二、六军团长征过中甸,他派夏那古瓦等代表进城前往红军司令部慰问,并邀请贺龙等军团首长到松赞林寺观光。开仓为红军筹粮3万余公斤,并写信给东竹林寺水边活佛,劝他不要与红军为敌。1949年12月,汪学鼎准备进攻丽江、维西、兰坪通甸解放区,强令松赞林寺出兵,松谋一再劝阻,汪不听,松谋愤而离寺,第二次往吉仁静室闭关,至1950年中甸和平解放方才回寺。在吉仁静修期间,他向拖顶藏医洛丹学习藏医临床经验,医技大为提高。1950年10月,昂翁洛桑丹增嘉措当学为丽江专区联合政府副主席。1952年2月,任丽江专区副专员。此间,他在松赞林组织了最高管理机构"拉西会议",制定戒律30条,加强宗教管理。1954年,当选为全国第一届人民代表大会代表。同年12月,任迪庆藏族自治州筹备委员会主任委员。

三、史海钩沉

1956年，康南各地叛首来信挑动松赞林寺发动武装叛乱，松谋均向中共丽江地委、云南省委作了汇报。

1957年3月，松赞林寺在少数民族宗教头人的挑动下发动武装叛乱。在解放军和政府与叛乱分子谈判会上，松谋率汪学鼎、八大老僧以调解人的身份参加，实则以武力作后盾，曾威胁政府、军队让步，试图拖延以致放弃改革。之后，在各级党政领导的教育疏导下，在部队首长的劝说下，经过激烈的思想斗争，他终于做出抉择，决心跟共产党走到底。3月底，松谋偕副县长汪学鼎、县公安局长赵宝鹤深入戒备森严的红坡吾日同叛乱分子谈判，争取其下山投降。1967年9月，迪庆藏族自治州成立，他当选为自治州州长。

1958年，松谋到昆明参加上层整风学习，任云南省人委委员、全国政协委员。1963年，中甸县修建第一座水电站——思伟电站，松谋将近2万元人民币捐赠给电站。1967年，松谋被"造反派"从昆明揪回惨遭批斗，财产被没收。同年6月圆寂。1986年5月，迪庆州人民政府为松谋平反昭雪，在松赞林寺举行活佛灵塔安放仪式。

13. 七林旺丹

七林旺丹（1935年8月—2016年4月），男，藏族，香格里拉市东旺乡新联列布村人，1952年12月参加工作，1959年3月加入中国共产党。1997年6月经组织批准退休，2016年4月7日逝世，享年82岁。

1952年8月至1957年8月，七林旺丹在中甸县东旺办事处任通讯员，期间参加了部队组建的民兵，积极投入平叛战斗。1957年8月至1959年12月，他参加中甸县土改工作。1957年初，面临少数反动上层发动的武装叛乱，他英勇突围，成功完成组织交付的送信任务，使侧庸之围得以解除，于1959年被原昆明军区命名为"雪山雄鹰"，1960年5月又被中央军委授予"全国民兵战斗英雄"称号。从此"雪山雄鹰"的英雄事迹在雪山草原广为流传，并被改编为多种文艺作品。

1961年12月至1971年1月，他担任东旺乡新联大队党支部书记期间，带领新联人民战天斗地换新颜，为我国的民主革命和社会主义建设作贡献，成为全国农业学大寨的先进典型被学习和推广。

三、史海钩沉

先后在中共云南省丽江地委、中共云南省委、云南省民族事务委员会、政协迪庆藏族自治州委员会工作。历任中共云南省委常委兼丽江地委第一书记、中共云南省委副书记兼云南省迪庆藏族自治州委第一书记、迪庆军分区第一政委,云南省民族事务委员会副主任、迪庆藏族自治州政协副主席(享受正厅级领导政治、生活待遇)等职务,是中共九届、十届、十一届中央候补委员,曾多次被毛主席和周总理接见。

(四)革命史迹(红色文化)

1. 东藏人民自治同盟的成立

1936年,中国工农红军取道川康北上抗日。当时在甘孜的德钦青年海正涛积极为红军工作,帮助红军筹集粮草,安排向导、翻译,向民众宣传共产党的政策,得到红军的赞扬。深受红军影响的海正涛从此走上了革命的道路,成为一名紧紧跟随共产党,立志为藏区人民的解放事业奋斗终生的革命者。

1942年,海正涛回到德钦,日寇入侵缅北,滇西形势紧张。为了抗日,海正涛接受了国民党十一集团军总司令宋希濂的委任,担任国民党德钦设治局独立支队司令。他在家乡主持政务期间，减免差役，取消当地迎送长官杀鸡宰羊焚香礼拜的惯例，提出一系列发展农牧业生产、改善人民生活、普及文化教育的设想，深受各族群众的拥戴。由于他名高故里，为人谦和，上层人士愿意服从他的调遣，停止了械斗，消除土司头人之间的隔阂，维护了地方社会的安定。同时，他开始秘密寻找藏区地下党组织。

1945年，海正涛得知西康藏区有平措汪阶领导的中共地下党组织——高原共产主义运动小组活动的消息后，便写信与平措汪阶联系。年底，海正涛又委托从德钦回四川巴塘的扎堆邀请平措汪阶到德钦，商议在藏区发展革命力量、建立革命根据地的问题。1946年初，平措汪阶赴重庆找党组织，特意取道德钦，会见了海正涛。他们在取得一致意见后，共同草拟了《东藏人民自治同盟简章》，决心为推翻国民党反动统治，争取民族解放，建立自治政府，促进社会进步而奋斗。

5月，海正涛到昆明治病。时值昆明正掀起反对国民党特务迫害进步学生和教授的群众运动，海正涛同激愤的群众一起参加了吊唁李公朴、闻

三、史海钩沉

一多先生的集会和声讨蒋介石的群众运动,并在联名抗议书上签了名。李闻惨案使海正涛进一步看清了国民党反动派的腐朽和丑恶,深感要获得民主和解放,就必须推翻国民党反动统治。于是他从昆明多次拍电报给在重庆的平措汪阶和昂旺格桑,催促他们尽快返滇。8月,平措汪阶和昂旺格桑偕同海正涛返回滇西北藏区。在途中,海正涛多次向平措汪阶表示要争取加入高原共产主义运动小组。

1946年9月,平措汪阶、昂旺格桑和海正涛回到德钦。他们与各方面联系后,于10月初在德钦升平镇秘密成立了"东藏人民自治同盟",通过了《东藏人民自治同盟简章》和《东藏人民自治同盟军事总部工作纲要》。海正涛是同盟的主要领导之一。

《东藏人民自治同盟简章》阐述了东藏人民自治同盟的宗旨,即建立东藏人民自治区政府,争取民族民主自治政权,打倒封建军阀势力,废除乌拉制度、苛捐杂税。开发资源、建设交通、发展农业、迅速提高人民大众的生活水平。要求盟员为达到上述目的而努力奋斗。简章同时还规定了盟员守则、誓词、同盟组织机构的人选程序和各级组织负责人数、工作任务等。

《东藏人民自治同盟军事总部工作纲要》的主要内容是：组织武装力量是刻不容缓的任务，积极准备武装暴动，建立根据地，建立革命政权。在初期建立的同盟总部，以德钦为中心，总部下设下江（包括德钦、中甸、贡山、永宁等地）、江西（昌都地区）、江东（甘孜、阿坝、西昌等地）3个支部。并具体规定了3个支部的斗争任务。

1946年10月中旬，为了在昌都地区开展武装斗争，创建游击根据地，同盟军事总部的领导们决定将海正涛筹集的100多支步枪和手枪以及弹药、活动经费运往昌都开展革命根据地。平措汪阶写信给巴塘地下党组织，通知他们派人到德钦接运。由于当时巴塘地下党的大部分同志在乡村活动，交通不便，时间又紧迫，所以只有益西区匹同志只身赶到德钦。10月22日，海正涛亲自组织力量，连续干了三个夜晚，将武器和活动经费捆扎成驮子，准备运往昌都。他们的活动被国民党特务发现了。在巴塘国民党特务曹锐夫的策划下，德钦的反动上层王文选（德钦独立支队

三、史海钩沉

副司令)、地霸李升平(原升平完小校长,国民党中统特务)和李如意等人带领一帮亲信,于10月25日下午3时左右,乘海正涛与其侄女海桂莲、女儿海桂英在大门外休息之机,开枪打伤了他们3人。海正涛负伤后,被家人扶回家里。在这危急时刻,海正涛知道敌人刺杀他的原因,立即叫妹妹阿益去通知平措汪阶等人赶快离开德钦。平措汪阶、昂旺格桑、益西区匹3人得报后,在钟绍朋的掩护下,隐藏在钟家后院仓库里。

当特务得知海正涛受伤未死时,又于晚上8时左右包围了海正涛家。10多个人闯入海正涛的卧室,枪杀了海正涛同志。

当晚,平措汪阶等同志又转移到县城郊外的一个岩洞里隐藏,并多次派益西区匹潜入县城打探情况。当他们得知海正涛已牺牲、敌人还在到处搜捕他们的情况后,才决定次日离开德钦。在转移途中,他们几次召开临时会议,根据海正涛生前的要求,决定追认海正涛为高原共产主义运动小组的正式成员。

高原共产主义运动小组在德钦成立东藏人民自治同盟,使国民党当局感到震惊。自治同盟被破坏后，国民党反动当局专门指派国民党德、盐、察区党部书记黄举安为首的专门人员到德钦进行专案调查事件经过。他们把查获的《东藏人民自治同盟简章》等部分秘密文件报送南京国民党中央。不久，国民党中央指示召开国防部、蒙藏委员会、中央组织部边区党务处三方联席会议，研究镇压在藏区的中共地下组织。接着，国民党中央政府以"共匪罪行"通缉平措汪阶、昂旺格桑等东藏人民自治同盟的主要负责人。在德钦，王文选、李升平把劫获的武器和书刊摆在大街上，作为海正涛与共产党联系的"罪证"，大肆进行反革命宣传。王文选因枪杀海正涛有功，被国民党反动当局晋升为保安司令。

平措汪阶等同志离开德钦到丽江，后来又秘密返回巴塘，渡江进入西藏，继续从事地下革命活动。1949年8月，平措汪阶受中共滇西工委的指示，回巴塘开展革命活动，筹建康藏边地工委和"东藏民主青年同盟"。10月，中共康藏边地工委和"东藏民主青年同盟"相继成立，平措汪阶出任工委书记和同盟总书记。根据中共康藏边地工委的指示，"原有的高原共产主义运动小组的同志,一律转为中共正式党员",1950年,西南局正式决定东藏民主青年同盟的成员,一律转为新民主主义青年团员。

在民主革命时期,中国共产党在藏区的地下组织努力开展革命活动,在打击反动势力,反抗国民党反动统治,为解放藏区做出了积极的贡献,起到了不可估量的作用。而德钦的东藏人民自治同盟组织及其活动,又是整个藏区地下党进行革命斗争的重要组成部分。

2. 维西地下党总支委员会成立

1941年4月,中共云南省工委为了开辟少数民族地区党的工作,决定派维西籍地下党员杨湛英回维西一带开展活动,进行调查研究,掌握社会的基本情况。然后在知识分子中进行启蒙宣传,有重点的在一些人中开展工作;同时,针对县内社会历史特点,广泛结交民族上层人士,扩大党的影响。当年7月,他克服艰难险阻回到昆明,向省工委联络员刘浩作了汇报,党组织对他的工作表现表示满意,并在此布置任务,要他与平措汪阶取得政治联系。此后直至1948年7月,由于环境形势等原因,杨湛英与省工委没联系上。省工委把他的关系转给欧根一事也无从知晓,但他始终执行组织交给他的任务,寻找合法职业作掩护,积极做党的工作。

1941年9月,杨湛英考入西南联大师范学院读书。1942年9月,他响应征兵,参加驻防滇西抗击侵略者的第十一集团军,任总部边地政治调查员,作滇、康、缅边地情况调查。第一次调查工作从大理出发,经邓川、剑川、兰坪、维西、中甸、丽江、鹤庆等地,然后返回大理。第二次到了永平、保山、云龙、泸水、片马、拖角、碧江、福贡等边远地方,后由福贡翻越碧落雪山到维西,再由维西回大理。前后两次调查工作于1943年6月结束,不久,写成了7万多字的《云南西北边区调查记》。这份调查报告详细记述了藏族、傈僳族、纳西族、怒族、独龙族、普米族、景颇族、傣族的历史衍变、人口分布、宗教信仰、社会制度及生活习性等情况,对滇西及滇西北地区的政治、经济、文化教育等情况作了考察和分析研究,对土司及土司制度的历史、现状等各方面作了详尽的记述。

杨湛英的两次考察工作都到了维西,他趁工

作之便进一步了解维西的社会情况,广泛接触各方面人士,扩大党的思想影响。

1943年8月,杨湛英回学校继续读书。1944年9月休学回家养病,他带回《民主周刊》《新民主主义论》等其他一些进步书籍,秘密借给思想活跃、倾向进步的一些青年老师阅读。他把钱金龙、钱如嵩、和少允、胡安全、郭举良等一批知识青年团结起来,向他们讲解国际、国内的形势,与他们探讨一些社会问题,并通过他们进一步把影响扩大到社会各方面人士中去。在杨湛英的不断启发帮助下,一批以青年教师为骨干的知识分子思想开始觉醒,他们萌生了改变社会落后状况的愿望。

1945年,抗日战争胜利后,由于蒋介石违背民心、发动内战,激起了全国人民的义愤。国统区的人民革命风起云涌,形势的发展极大地鼓舞和推动了维西各族人民的反抗斗争。1946年,叶枝一带各族群众的反土司斗争大规模地开展。而把持地方实权,竭尽全力维护国民党统治的地方土豪劣绅把持教育大权,克扣经费、中饱私囊。教育界成为合法斗争的首个目标。杨湛英、钱如嵩等人组成"教育改组委员会",向县政府提出改组教育机构,改革学校教育的要求。这一行动得到了社会进步人士的支持,也受到许多学生家长和高年级学生的拥护。经过斗争,迫使县政府免去了原教育科长的职务,大家推举杨湛英为教育科长,斗争取得了初步胜利。

1946年9月,杨湛英被迫离开维西,前往昆明复学。遭地方反动势力的反扑,县内"教育改组委员会"成员遭受迫害,钱如嵩被捕入狱加判重刑。

1947年底,中共云南省工委作出在全省开展武装斗争的部署,要求滇西、滇西北地区积极创造条件,建立党组织,发动群众,开展武装斗争,并排黄平、欧根等先后到剑川秘密建立滇西工委。

1947年12月,杨湛英以国民党第十三行政专员公署秘书的身份为掩护来到丽江。1948年5月,第十三区行政专员公署由丽江迁至维西,杨湛英随同前往,在维西中学兼任国文教员,在公开合法的身份掩护下,秘密进行发动群众,准备开展武装斗争的工作。

1948年春,在鹤庆师范读书的"民盟"成

三、史海钩沉

员和桂芳（和耕）因参加学潮，被学校开除。他回到家乡洛吉古创办"沧江正业小学"，在学生中传播进步思想，教唱当时流行的革命歌曲，大力开展宣传活动，同时开办民众夜校扩大思想教育阵地，为后来组建革命武装培养了一批力量。1949年2月，和耕由中共金江特区联络员曹汝楫介绍加入中国共产党。3月，他在黑日多与杨湛英接上了关系，杨湛英安排他在学校中做师生的工作。他培养了维西中学教师谢少雄入党，在中学教师和学生中发展了四十多人参加了"民青组织"，并在城永乡中心小学教师中吸收孙宗泽等加入了"民青"。后由谢少雄负责民青工作，又发展了一批"民青"成员。

杨湛英、和耕在发展党员和民青成员的同时，还在上层人士和社会知名人士李子厚、朱存义、胡安全、朱占元、李如璋、李建成等人中开展工作，争取他们对革命的支持。置身政界的李子厚参加了国民党。中华人民共和国成立前夕，在那些外地来的党棍纷纷逃窜之际，李子厚当上了维西县党部书记长。经过杨湛英较长时间的教育争取，他脱离了国民党阵营而投身革命队伍，在处理自卫队时将自己收藏的枪支弹药提供出来使用,在斗争的洪流中锻炼成长为革命武装队伍中主要成员。工商界人士朱存义、李建成也贡献出自己的枪弹并参加了人民自卫军的工作,朱存义后来担任了副营长职务。胡安全不仅在教育界发挥作用,还参加了人民政权的建立工作。地方绅耆李如璋、朱占先等也都在后来的起义和人民政权建设中发挥了作用。

1949年2月底,维西地下党在城永乡则那村成立第一个党组织——维西地下党总支委员会。总支书记杨湛英,委员:和桂芳(和耕)、钱金龙、钱如嵩、胡光烈。下设三个支部,城永乡支部书记钱金龙、化普乡支部书记陶彦、沧江支部书记胡光烈。共有党员11人,党总支由滇西工委领导。党总支成立后,杨湛英根据当时斗争的实际,对下一步的工作对全体党员分别作了部署,和耕继续坚持在学校,积极发展党的外围组织,积蓄力量,为推翻旧政府作好配合准备。叶枝方面,要经常联系,加强团结,互相支持。在农村要进一步发动群众,发展农抗会员,建立"农抗"组织,还要加强妇女工作,扩大斗争范围,积极创建人民武装活动。在地下党的领导下,维西人民的革命斗争进入了一个崭新的时期。

3. 金江地下党组织的成立

民国36年(1947年)6月,在全国民主运动的影响下,鹤庆师范学校爆发反迫害、争民主的学生运动,时在丽江、鹤庆读书的中甸金江籍学生受到启发激励,中共丽江地下党组织派杨廷权、和荣先、赵松源等学生骨干因势利导,发起组织"金江旅丽同学读书会",研讨革命书籍,认识革命形势,印发革命刊物,利用假期回乡传唱革命歌曲,宣传反蒋、反帝、反"三征"(征兵、征粮、征税),影响逐步扩大,维西、德钦、兰坪、永胜等县旅丽学生也先后加入,中共丽江地下党组织以此为基础发展一批先进青年学生参加其外围组织——中国民主青年同盟(简称民青)。

1948年1月,中共云南省地下工作委员会派出王以中到中甸、丽江、维西三县结合部金沙江沿岸进行社会调查。2月,中共滇西工委派遣民主青年同盟成员寸汝昌(鹤庆县人)、罗天相(中甸县人)到中甸县木笔乡,以小学教员职业为掩护开辟地下革命工作。6月,寸、罗经欧根、王以中介绍加入中国共产党。7月，以假期会友为名，到金江、三坝、大中甸一带进行社会调查、联络社会关系；后在下桥头开办民众夜校，宣传革命，发展民青组织；8月，滇西工委增派何仲培（剑川县人）到下桥头。9月，建立中甸境内第一个党支部，何仲培任党支部书记，寸汝昌、罗天相为委员。

1949年1月，王以中带领赵鼎等地下党员到丽江石鼓，接通沿江两岸地下党及民青组织的关系，2月，建立中共金江特区工作委员会，统一领导中甸、丽江金沙江两岸的地下革命工作，书记赵鼎，副书记王祖鑫（先）、鲁亮根（后），委员鲁亮根、何仲培、罗天相、寸汝昌。4月，发展第一批共产党员13人，分设上江、中江、下江三个党总支委员会，上江党总支设在中甸士旺小学，书记鲁亮根，副书记王祖鑫；中江党总支设在丽江三仙姑小学，书记赵鼎；下江党总支设在中甸下桥头小学，书记寸汝昌。继后，何仲培到三坝乡开展工作。5月，又相继发展两批共产党员，将三个党总支扩建为六个区委会，其中属中甸境内的有良美、吾车、下江三个总支委员会，

三、史海钩沉

良美书记蒋杰,副书记和显宗;吾车书记孙福海,副书记和耀周;下江书记何仲培,副书记和钟秀。6月,中甸金江一侧的共产党员发展到93人,陆续建立七个党支部,良美支部书记蒋杰,副书记屈世臣;所邑支部书记和显宗,副书记和国才;吾竹支部书记吕策勋,副书记葛成中;安乐支部书记张绍宗;车土达支部书记肖藩,副书记李昌运;木笔支部书记和钟秀,副书记李启明;三坝支部书记何仲培。7月,金江特区工委归属丽江中心县委领导,11月中旬,由滇西北地委直接领导。12月15日,原统管中甸、丽江、维西沿江两岸的金江特区工委结束,建立只管辖中甸境内沿江从木高至三坝一带的中共中甸金江特区工作委员会,书记和振董,副书记李启明、曹式璋,委员和耀周、葛成中、孙福海、和振宗、和奎瑞、和显宗。至1949年底,中共金江特区先后共发展共产党员93人,建立20多个党支部。1950年1月,重新进行党员登记,共登记党员90多人,有8个党支部。

1949年底,中甸县政府增加耕地税和兵役税,农村群情激愤,旅丽同学读书会发出《致县长张祖年书》《告金江父老同胞书》和反"三征"传单，联合进步教师、开明绅士，发动群众，与县政府展开斗争，迫令停征加额赋税，并退回已征税款。1949年初，地下党组织以沿江学校为基点传播革命，各校进步教师成为最活跃的革命力量，地下党、民青组织逐渐壮大，各村还组织农抗会（云南农民反抗斗争会）、妇女会（云南妇女会），进一步推动农村群众运动，先后发展民青盟员300多人，农抗会、妇女会会员1000多人。5月，永胜县反动组织"民联军"窜扰鹤庆，威胁丽江及金江地区，金江特区工委发出"团结起来，保卫家乡"的号召，特区属丽江一侧各乡公开建立人民政权——政务委员会，属中甸一侧各乡则采取较隐蔽的形式建立良美、吾竹、车士达、木笔、三坝五个青年自治联谊会（简称青年会），并组建良美、吾竹、车士达、拉咱古四支人民自卫武装，共有110多人枪，地下党通过青年会组织取代了各乡旧政权，从木高到三坝沿江一带成为解放区。9月3日，汪学鼎制造"箐口事件"，同时密令金江各乡地霸武装分片袭击青年会和人民自卫队；11月中旬，又派出汪曲批率民团武装扫荡金江各

三、史海钩沉

村,地下党、民青、青年会等组织以及各村群众遭受严重损失,特区工委领导各人民自卫队在边纵七支队等主力部队的援助下英勇抗击,12月中旬取得反围剿的胜利,重新组建中甸县境中共金江特区工作委员会,大力发展党组织,扩建人民自卫武装,放手发动群众,发展中国新民主主义青年团团员近千人、妇女会员二千余人、中国少年儿童队队员二千余人。1950年1月,成立金江特区人民政府,组建各村人民政权;5月上旬,中国人民解放军进军中甸部队途经金江区,特区工委发动群众开展大规模迎军活动。

1949年5月20日,中甸县城藏族青年何其昌、刘汉勋在丽江经和万宝、孙致和介绍加入中国共产党,6月初受党组织派遣回乡开展地下革命工作,相继发展地下党员和民青盟员。8月底,在赴中甸与汪学鼎谈判的中共滇西工委委员王以中主持下,建立城区地下党支部,书记何其昌,副书记刘汉勋,委员赵宝鹤、何世昌、闵鸿兆。至1950年5月上旬,先后发展共产党员和民青盟员各30多人。

1949年6月,何其昌、刘汉勋二人受派回中甸建立和发展地下党组织和民青等党的外围组织，组建革命武装，逐步发动群众，团结民族、宗教上层人士，开展统一战线工作。回中甸不久即争取刘汉鼎（城防义务大队大队长）、赵宝鹤（副大队长），基本掌握了拥有200多人枪的城区群众联防武装城防义务大队中的大部分武装。城区在外读书的一些地下党员、民青盟员、进步青年陆续回乡参与革命工作，地下党以省立小学和城防义务大队为基点，秘密发展共产党员和民青盟员，通过办识字班、教唱革命歌曲，传播革命思想，在"团结一致，保卫桑梓"的号召下，发动群众，争取县长张祖年和民族、宗教上层人士倾向革命，力促中甸和平解放。9月2日，王以中秘密召集地下党员、民青盟员和进步青年宣讲革命形势，主持赵宝鹤等人加入中国共产党的宣誓仪式。"箐口事件"之后，城区党支部委托可靠人士收殓烈士遗体，并将幸免于难的王以中等人辗转护送至解放区。1950年3月，中共滇西北地委派蒋杰将毛泽东主席画像和中国人民解放军《布告》等送到中甸县城，城区党支部及民青组织加紧宣传革命形势，以办夜校、组织歌舞集会等多种形式，

三、史海钩沉

组织群众,积极为和平解放中甸作舆论准备。4月,派出何其昌等五人前往鹤庆县迎接人民解放军,党团组织开展各项迎军筹备工作。5月10日,组织城防义务大队近四十骑武装马队出城数里到吴努村迎候,发动全城群众云集南门外隆重迎军。

四、民族宗教

(一) 迪庆民族

迪庆悠久的历史和古老的文化,可在境内文物考古发掘中找到清晰的脉络,迪庆香格里拉草原南部发现的旧石器遗址,专家认为是滇西北地区最早的人类文化遗存;维西县塔城乡戈登新石器文化遗址的发现进一步提供了人类早期在"穴居野处"之时在迪庆的活动痕迹;德钦永芝、香格里拉尼西等地发掘的石棺墓葬及其随葬物,说明迪庆先民远在2300多年前就与华夏民族及其他成员有着文化上的血亲关系并创造出了丰富多彩的土著文化,与甘青地区羌文化有着一脉相承的联系,是华夏文化的组成部分。南移的吐蕃人与先秦以前栖息在迪庆高原的土著民族相融合,成为迪庆藏族的祖先。之后经历民族迁徙、民族战争、民族交流和融合,最终形成了以藏族为主体,

四、民族宗教

纳西、汉、彝、傈僳、白、苗、回、普米9种民族世居,其他16种民族杂居的地方。各民族宗教文化深厚浓重、语言文化丰富多彩、歌舞文化风韵独具、服饰文化异彩纷呈、建筑文化风格各异、手工文化实用精美、医学文化深美精湛以及独特的习俗文化和繁多的节庆文化形成了一个多民族、多宗教、多教派、多元文化共生、共融的一个共同体文化。千百年来各民族都友好交往,和睦相处,相互的宗教和文化都不相互排斥,而是在不断的互相融合中共同发展。同时迪庆又处于连接祖国内地和广大藏区以及邻国的茶马古道的要冲,所以迪庆各民族即保留了自己优秀的民族传统文化,同时也吸纳祖国内地和广大藏区以及邻国的文明,从而形成了独具特色的香格里拉民族文化。

藏族 迪庆藏族自称"博",汉文史籍称"吐番""西番"。主要分布在德钦县大部分地区、香格里拉市建塘镇、小中甸、东旺、尼西、五境和维西傈僳族自治县的塔城、巴迪乡等地。操藏语康巴方言,通用藏文,信奉藏传佛教。

早在新石器时代,州境内就已有人类繁衍生息。新石器及滇西北石棺墓葬表明,境内的土著与后来的藏族有着千丝万缕的联系。据文字记载，自从吐蕃松赞干布王统一了吐蕃全境，也就标志了对迪庆在内的康区的统治。吐蕃王国在迪庆其宗设置神川都督府并且在全州境内屯兵驻防。

吐蕃驻军进一步促进了土著人融入藏族中，等到吐蕃分崩离析，留在当地的人群大部分成为迪庆境内藏族的先民。

元代，中央政府在该区域设立驿站，有部分蒙古族官兵进驻迪庆，也有不少人融入到当地藏民族中。明代，木氏土司统治迪庆，大批纳西族移民涌入迪庆，在后来的漫长岁月里也有不少纳西族移民融入藏族里。清雍正年间，绿营兵镇守维西、中甸（香格里拉），一批经商开矿的汉族、回族相继进入迪庆。乾隆、咸丰年间，又有一批回族进入迪庆。到如今，这些相继进入迪庆的蒙古族、纳西族、汉族、回族的后裔，渐渐融合于藏族中，形成了以藏族为主体的多元民族。

迪庆藏族传统手工业有毛纺织、土陶、皮革制品、木器、银器、藏刀、面具等。藏族木制品粗犷深厚、毛仿品细腻优美，土陶制品古朴精巧。这些传统手工艺品，既是藏民生活的必需品，又

四、民族宗教

是用来装饰和美化生活的装饰品。

早在唐朝,中甸(今香格里拉)一带已是滇藏经济文化交流和军事往来的交通要塞,神川铁桥的建立,两岸的民族文化交流和经济贸易由此形成。迪庆境内茶马古道石板路上至今仍嵌有二寸许的马蹄印,就是由外地人称之为"古宗驮队"的马帮留下的痕迹,茶马古道主要贯穿于今西藏、四川、云南结合部的金沙江、澜沧江、怒江三江流域。藏族马帮是连接滇藏和往印度、尼泊尔、缅甸运送商品货物的主力。

清康熙年间,达赖喇嘛请求清王朝批准在中甸立市,批准后进出康藏的货物荟萃于中甸(今香格里拉),滇货有茶叶、粮食、红糖、火腿、铜器和铁器等,藏货主要有羊毛、牛、马、羊、皮货、药材和毛织品。清乾隆年间,获准滇铜运输进藏,中甸商业和矿业兴起。清末民国初年,由于松赞林寺的寺院马帮驮队特别活跃,寺旁仅大货栈就有30余所,享有"巨商堡垒"之称。再加上以茶马互市重镇扬名的独克宗古城的商贸市场、德钦的阿墩子市场,迪庆地区的商业贸易如火如荼,兴旺发达。

与立体地貌和立体气候特征相适应,迪庆藏族民居分高原与河谷两大主要类型。高原牧区由于地广人稀,多为木片式楼房,占地面积比较大,房屋宽敞气派,屋柱粗大,以建塘镇、小中甸等地的民居为代表,是藏区建筑一道独特而靓丽的风景。而在干热河谷地区,为节省有限的土地资源,住房多建筑在山坡上,多为平顶碉楼式土掌房,平整的楼顶可兼做晒台,以奔子栏地区的民居为代表性。无论何种藏式民居,大多数藏民家居内都有神龛和经堂。牧区的藏房多以木楞房为主,也有搭帐篷的。

迪庆的藏族服饰体现了迪庆藏区半农半牧区域的特点,轻便、适宜田间劳作。

男子一般着右襟齐腰短衫,俗称"对通",外穿右襟长袍,俗称"楚巴",通常腰系长带,平时袒右臂,拜会贵宾或朝佛时双袖套起以示恭敬。腰间常佩戴刀或其他饰物。年长者喜戴金边毡帽或礼帽,年轻人喜戴高筒狐皮帽。

女子服饰则体现出各自不同的地域特色,迪庆澜沧江沿线藏族女子头绕五彩线,项戴宝石链,身着无袖袍,腰围五色巾,色彩饱满,端庄大方;

四、民族宗教

奔子栏一带的女子头绕红巾,上身内存长袖短褂,外着无袖褂,下身着白色白褶裙,塔城拖顶一带女子上衣与奔子栏的类似,下身着黑色长裙。中甸牧区女子戴头巾,着坎肩,系长围裙,明显受纳西族和白族服饰的影响,体现出民族文化的兼容。

藏族传统的婚姻制度为族外婚,近亲结婚被视为乱伦。一夫一妻制。一般给长子娶亲或为长女招赘,子女中,无论男女,老大是家业的继承人。

在历史上,迪庆藏族也曾有一妻多夫和一夫多妻制,一妻多夫即几个兄弟同娶一个妻子,家中只有长兄可以举行一次结婚仪式,所生子嗣均归长兄所有。也有人认为其成因是经济因素所致,富足人家为了集中男子共创财富不使家财分散,平常人家则无力为每个儿子娶妻,所以导致了这样的结果。一夫多妻仅限于富裕家族和贵族,被认为是源于古代赞普和地方土司通过婚姻与贵族氏族联系起来的一种政治手段。一位男子说娶的几房夫人都是同胞姊妹。典型的藏族婚礼上,歌唱和说唱贯穿始末,有专门的婚礼歌。

迪庆藏族的丧葬习俗具有浓厚的宗教色彩。

随着佛教的传入，天葬和水葬逐渐流行。行火葬者多为活佛、上层喇嘛或富裕人家，行天葬者多为普通僧众和成年俗人，各地一般有固定的天葬台和专门的天葬师。行水葬的是俗人，在金沙江、澜沧江沿岸的藏区尤为普遍。普通藏家的丧葬仪式大体分为超度和送葬两个阶段。超度仪式被认为是令死者顺利通过阴间并顺利升天和投胎转世的途径。人死后七天内，死者家属在家中点酥油灯，念六字真言，为死者超度。

藏历年是藏族历史上最隆重、最古老的节日。迪庆州过春节也相当隆重，歌舞、转经、祭祀等活动一直要持续到正月十五。每年农历二月，一些地区的藏族男子在农闲时间举行射箭比赛，称为箭友节。到了五月赛马节，远近的村民们都要到五凤山露营、野炊、赛马。还有一些宗教节日，有农历正月十五的默朗钦波会，德钦升平镇的神山节，农历十二月二十九日前后的格冬节等。

藏族民间禁忌涉及生产生活和精神信仰诸多方面，一些是观念性的禁忌，如一般人不能杀生，老年人忌吃当日宰杀的畜肉。忌跨越火塘，忌在神龛上堆放杂物，忌反转玛尼堆和寺院等。

四、民族宗教

傈僳族 傈僳族源于古代氐羌人,自称为"傈僳"或"鲁庶扒"。在迪庆州境内分布于澜沧江、金沙江上游河谷地区,主要居住于在维西傈僳族自治县、德钦县霞若傈僳族民族乡、拖顶傈僳族民族乡、香格里拉市金江镇、虎跳峡镇、上江乡、三坝乡、洛吉乡等地。在历史上傈僳族没有自己的强大统治,一直遭受吐蕃、纳西木氏土司、藏族封建土司的统治和压迫,爆发过数次反抗斗争,最终导致了一次又一次家族部落的迁徙,逐渐形成了今天的分布格局。

傈僳族民间有浓厚的原始宗教信仰痕迹,表现为渗透在生产生活中的各种自然崇拜、图腾崇拜、鬼神崇拜等。此外还主要信仰基督教和天主教,居住在德钦县霞若乡、拖顶乡的傈僳族信仰藏传佛教。

傈僳语属汉藏语系藏缅语族彝语支。新中国建立前使用大写拉丁字母及其变体形式的语音符号。1957年在有关部门帮助下,创造了以拉丁字母为基础的新文字。维西县傈僳族农民汪忍波,创造出了一种由九百多个音节组成的文字,编写成《识字课本》在群众中传授推广,并用这种文字记录了许多口传经籍,是后人研究傈僳族历史的宝贵文献。

傈僳族民居在维西多为木楞房和竹篾房。木楞房并挂式、三间连接式或院落式。居室内以火塘为主,围火塘三面铺有木板作为床铺。竹篾房俗称"千脚落地竹篾房",先将竹子竖立,在1.33米高处横栓木杆为楞,四壁用蔑笆折封口,顶上盖木板,地铺蔑笆折。香格里拉市境内的傈僳族住房以木楞平板房、竹木结构蔑笆折房和土墙平板房为主,少有楼房。

迪庆州内傈僳族衣料多为自制麻布,男子上身穿无领条花上衣和大襟褂衣,下身穿大裆裤,头带船形和圆顶宽帽檐的羊毡帽,绕黑色套头。男子还常常斜挎刺绣挎包,俗称"花腊扁",左腰佩戴砍刀,右腰挂熊皮箭包,臂夹弩弓。女子喜穿深色,上身穿白边上衣和大襟褂衣,下身系百褶裙,长裙外系刺绣围腰。傈僳族的首饰装扮以叶枝一带最为突出。女子普遍戴耳环,男女老少都戴手镯,传说可以防止"蛊"的危害。

玉米粥、玉米粑粑、麦面粑粑和荞饼是他们的主食,肉类主要是猪、牛、羊、鸡肉。蔬菜以

四、民族宗教

白菜、蔓菁、马铃薯、豆类、瓜类和各种野菜为主。食物以水煮和烧烤，不讲究烹饪，傈僳族喜欢喝茶、饮酒、吸烟。茶以浓为特色，有罐茶和盐茶，酒以自己家粮食酿制为主。

在历史上，州内傈僳族实行族内婚和姑表舅婚，旧时曾有过换房习俗。中华人民共和国成立后近亲通婚逐渐被杜绝。婚姻缔结过程需经过订婚、结婚和回门。由男方舅舅和媒人、亲戚共四人和八人带着礼物到女方家求婚，征得同意后，由男方择日完婚，送迎亲极为隆重，婚礼上男方家要举行酬宾歌舞晚会，通宵欢乐。

傈僳族族人死后以土葬为主，只有对非正常死亡者才火葬。老人去世后，停灵报丧，死者入棺前停于火塘边，以白纸或白麻掩面。请尼扒念经为其开山引路，送其灵魂回到阴间。入棺后，亲友绕灵吊唁，男人绕九圈女人绕七圈，每天以饭、肉、冷水供奉三次，如此数日。送葬时先由尼扒射箭三支开路，然后才起棺出殡。

傈僳族的传统节日以农历冬至前后的阔什节最为隆重，俗称傈僳过大年，一般为三天，头两天各家烧香祭祖，第三天在村里进行射弩比赛，晚上则对歌跳舞，通宵达旦。每年的农历二月八日的"阿尼盖什"节，即畜牧节，全村人上山野炊，祭祀山神和畜神，迎接春耕。此外，还有每年农历五月初五的丰收节、农历六月二十四至二十六的火把节、农历七月十五的祭山神节等。

傈僳族民间的交际礼仪，以互助互庆为普遍原则，亦演化成一些纯朴的社会风尚，少有奸诈、偷窃等行为。尤其在亲友结交方面，如：以喝鸡血酒结拜、拜认干爹干妈等。民间也有诸多禁忌，如忌在大年初一吵嘴打架、忌在聚众场合和家中说脏话、一般中青年者忌蓄胡须、忌食狗肉和猴肉、忌将肉放在柴上，忌用扫帚驱赶牲畜等。

傈僳人以自然现象的变化为依据，创造了独特的物候历。民间有俗话曰："耕种皆视花鸟，梅花岁一开以纪年，野靛花十二年一开以纪星次，竹花六十年一开以纪甲子，杜鹃花为雇（开）工花，雌花开则宜耕种……"。

纳西族 纳西族源于远古时代我国西北及河湟地带的羌人，在距今3000年前州境内已有纳西先民居住。主要分布在香格里拉县三坝纳西族民族乡、金江乡、上江乡、虎跳峡镇、维西县塔城

四、民族宗教

乡、攀天阁乡、永春乡及德钦县的佛山乡。纳西族是历史上接受汉文化较早的少数民族之一。元朝时，一些先进的生产技术和经验传入纳西族地区，纳西人开始修水利，开梯田，农业逐渐成为主要的生产方式。他们有自己的语言，属汉藏语系藏缅语族彝语支，有古老的象形文字"东巴文"。香格里拉县三坝乡白地，早在一千多年前就创造了一种称作"森究鲁究"即意为"木石上的标记"的象形文字。用象形文字书写的经典叫《东巴经》，被学者称为"活着的象形文字"。信仰东巴教。

纳西族多以木楞房为传统，沿金沙江一带的纳西族多居住木板房和汉式瓦房。房屋结构分正房、草楼和仓库。屋内大都设有火塘和祭祀用的香火坛。

纳西族服饰因居住地域不同而有差异。香格里拉县三坝乡，男子穿大面襟无领短上衣或长衫。腰束毛巾带，下腹部系一件可装钱和杂物的羊皮肚兜，短腿宽脚裤外裹绑腿。女子上身穿彩绣和尚领白麻布衫或金绒长衫，系百褶细麻布裙，腰束白花带，披羊皮披肩或毛织披肩。已婚女子编发盘辫，佩戴刻有太阳图案的银制发饰。香格里拉县金江乡和虎跳峡镇的纳西族女子服饰有所不同，穿棉布对襟长衫，外套镶素色边的坎肩，穿长裤，腰系百褶深色围腰，背披蛙形七星羊皮。维西县一带的纳西族服饰受藏文化影响，带有明显藏服饰特征。

纳西族以小麦、玉米、稻米、大麦、荞为主食。纳西人的饮食比较丰富，也比较讲究烹调和加工技术。节日期间除主食外还有副食如月饼、稻米花糖、玉米花糖和蛋糕、米糕、蜜饯等。饮料有麦子酒和苞谷酒及茶。

纳西族实行一夫一妻制，禁止同家族的人结亲。男女一般二十岁左右结婚，早婚现象较少。旧时，婚姻讲究门当户对，父母之命、媒妁之言，并盛行姑舅表俦婚配习俗。纳西族的婚礼一般经过纳采、问名、纳吉、纳征、请期、亲迎等6个程序，从择偶到成婚，有许多特殊的礼俗，但不同地区由于生活习俗的差异，在形式上也有所不同。

纳西族的丧葬习俗宗教色彩十分浓厚。由于境内纳西族所处的自然环境、社会形态、宗教信念不一，安葬方式也有差异，主要采用火葬、土葬等形式，土葬是到了民国初期才开始在纳西族

四、民族宗教

地方逐步盛行起来的。香格里拉市三坝乡纳西族和维西县部分乡镇纳西族传统丧葬习俗以火葬为主,金沙江沿线的纳西族实行土葬,丧礼后第七天做"七",接魂祭魂送魂,亦较隆重。各家有自己家族的祖坟,祖坟上有祭祀用的石或树,象征山神。

迪庆纳西族春节与汉族春节相仿,祭天活动、十二岁孩子穿裤子或穿裙子礼(成人礼)是纳西族特有的习俗。二月八、火把节、七月半等节日较为隆重。

纳西族民间禁忌较多,有播种的禁忌,如春耕须逢初几十八、二十八等;有婚配属相的禁忌,如忌鼠和马配、牛和羊配等有历法方面的禁忌,如鼠日和龙日忌出嫁殡丧等;有出行禁忌,如有人出门家人忌争吵、忌扫地等;有节日方面的禁忌,如正月十五忌用刀斧锄犁等。

汉族 汉族自称"汉族",藏族称"加",主要分布于香格里拉县建塘镇和金沙江沿线河谷地区,维西县各乡镇和德钦县升平镇等地。至迟在唐贞元十年(794年)以前,迪庆州境内低海拔 2000 米左右的河谷地区,即有汉族居住,《云南志》称其为汉裳蛮。

迪庆汉语属汉藏语系藏缅语族汉语支汉语北方方言的次方言。

汉族传统房屋以土木结构瓦房为主,与云南其他诸县汉式瓦房大同小异,木构架主要有抬梁式、穿斗式和人字木构架三种,民居多为抬梁式、穿斗式;墙体有土坯(土基)、夯土、块石等,以夯土墙和土坯土墙最为常见。现在多以砖木瓦结构为主。

迪庆汉族,在其炒、腌、卤、烩、炖的烹饪技术及饮食习惯里,既保留了汉族的烹饪特点,又融合了迪庆多民族的饮食习惯,喜欢喝酥油茶的同时也喜欢吃白族、纳西族的酸辣饮食,同时喜好傈僳族和彝族的"坨坨肉"和全羊汤,是体现迪庆多民族饮食文化有机结合的集中体现。

迪庆汉族实行"一夫一妻小家庭制度"。传统婚姻多为"父母之命、媒妁之言",讲究门当户对,并盛行早婚早育,也有近亲配婚习俗。现可自由恋爱,可与其他民族通婚。

迪庆汉族实行土葬,办丧事灵堂摆设很有讲究,一般要请风水先生根据逝者生辰八字及属相

四、民族宗教

测定出殡安葬时间,通常停放一至两天抬出安葬。停灵期间,众多亲友都来陪伴逝者家人守灵。家人过世后的三年,春节时只能贴蓝色、白色或绿色纸底的对联,称之为"孝对"。

迪庆汉族较重视知识的传授和教育。早在清雍正九年(1731年),维西开始设义学,各汛塘还有办营学的。开办时间较长的义学有八所,直到清光绪时,尚有延续。香格里拉县也于雍正十三年开办义学五所。光绪三十二年(1906年),改义学为学堂、各县设劝学所。民国时,设省立小学三所。上述义学和学堂皆以汉语文进行教学,教师亦主要为从内地聘用的汉族。民国以后,汉文化教育呈发展趋势,遍及各少数民族地区。汉族民间文化艺术,以维西汉族传统的民间艺术最具特色,如大词戏、滇戏、小调、唱书、洞经音乐等。汉族还留下了一些宝贵的历史文化遗产,如《维西见闻录》《维西夷人图》《维西县志稿》二种、《中甸县志》三种、《阿墩子地志资料》《德钦设治局调查报告》等,另有许多碑刻、诗词、歌赋。

由于汉族带来了内地的生产技术,如缝纫、

制革、铁铜器铸锻、酿酒、做豆腐、做糕点、银器加工、木作技艺、商品贸易,采矿、选矿等技术,推动了地方经济的发展。

白族 白族自称为"白侯""白子"、和"勒嘿",意为"白人"。主要分布在香格里拉县建塘镇和金沙江沿线河谷地维西县各乡镇和德钦县升平镇等地。

白族进入迪庆维西县的维登一带,是在吐蕃南下的前后。明朝万历年间,丽江木氏土知府势力不断向北发展,大量开采金银、铅锌等矿藏。从兰坪坝迁来的白族迁入州境内,居住于今维西县维登乡的北甸、妥洛和中路乡的佳禾一带。为迪庆境内最早迁徙而来的白族先民。香格里拉县白族主要由大理、剑川、鹤庆及丽江九河迁入。清咸丰、同治年间,大理回民杜文秀起义,波及鹤庆、剑川、九河等地,部分白族因逃避战乱避难于香格里拉金沙江边定居,同期也有白族经商者至沿江一线而定居下来。

白族多数信仰本主神,有一部分还兼信佛道之说。白族语属汉藏语系藏缅语族彝语支。迪庆地区的白语属剑川方言区剑川土语。香格里拉金

四、民族宗教

江乡兴隆村设乐与吾竹堆满白族居住较为集中,也保持着白族语言,但仅限于家庭使用,对外则操汉语或纳西语。而维西境内的白族则较好的保持着传统的生产生活习惯和习俗。白族没有自己的文字,而对汉文化的认同和理解则非同一般。

白族多居住土木结构瓦房,其布局一般有平房、楼房,"四合院""三坊一照壁""一字并排式",少数也有"四合五天井",另外,还有土墙板房、木楞房等。正方都有坐北朝南或坐西朝东的习惯。

迪庆白族服饰因聚居地不同而略有差异,旧时所体现出的总体特征与大理剑川县白族服饰基本一致。白族男子穿藏青色或白色对襟上衣,外套黑领褂;下穿蓝色长裤。女子服饰为上着青衣,配以红或黑丝绒领褂,下穿蓝色长裤,系青色长围裙,头戴青蓝色头帕。

迪庆白族婚姻是"一夫一妻制"。家庭与家族之间有严格辈分,同姓同家不婚,可以与其他姓氏通婚,一些地方实行"姑舅表优先婚"。旧时,居住在香格里拉的白族,婚姻多为父母或长者包办,白族的联姻较开化,可同任何民族通婚。

迪庆白族最看重丧葬礼仪,行土葬。其礼仪

及程序基本与汉族相同。谁家有丧事,除远亲外,一般不报丧,亲族近邻都主动来帮忙丧事。死者直系子孙妻媳和嫡子,系近亲幼辈都参加守灵,向前来吊唁者磕头致谢。以死者心脏停止跳动之日至第七天称"头七",也要举行隆重的祭奠仪式。

白族善于烹调,煎、炒、腌、卤、烩、炖各有风味,待人接物深含文化底蕴。每个节日都有一两种应景食物。例如春节吃麦芽糖、花花糖;清明节吃油炸粉皮、端午节吃雄黄酒、七月半吃油炸果,中秋节吃糯米饭拌蜂蜜。凡有婚丧嫁娶或重大节庆活动时,又要以"八大碗"宴客。其中添加红米曲的"大肉"和"炖肝肚"最为典型。

白族群众的商品意识强于周边其他民族人民,村镇的集市上,商人多是白族人。民国时期,白族商人还在维登开办矿业,并且倡导定期赶街设市,出现了迪庆地区最早的"街市"。许多白族人还是专业的工匠,长于木、石、砖瓦和土陶等制作技艺,精于制作雕刻装饰图案。白族妇女都是做织、绣、缝的能工巧匠。

白族禁妇女生小孩不满月,忌进别人家门。忌戴孝帕进别人家。忌坐门槛或在门槛上砍东西等。

四、民族宗教

彝族　州境内彝族属古代彝族居姆之子曲涅和古候支系后裔，自称"诺苏"，他称"倮倮"。迪庆彝族主要分布于香格里拉县虎跳峡镇、三坝乡、洛吉乡、金江镇、上江乡，维西傈僳族自治县永春乡、塔城镇等地。

彝族居住形式是以支系为单位组成群体而居，支系内又以近亲家支弟兄组成小群体。彝族社区在中华人民共和国成立前一直保持有家支组织和等级制度。家支组织有以父系血缘为纽带的父子连名谱牒，按血缘关系的亲疏，每个家支又分为若干大小支系，各支系都有以自己某一父系祖先的名字为名的姓氏，有的则把其兹或诺合主子的姓与自己祖先父系起祖之名结合为姓氏。迪庆州内彝族有二十多个家支。

彝族主要信奉毕摩教，以祖先崇拜为主要内容，崇信灵魂不灭，把为父母送终、安灵、送魂回归故里视为儿女之第一大事。宗教职业者有"毕摩""苏尼"，前者继承传授彝文宗教经典，诵经祈祷进行宗教活动，后者以打鼓跳神，念咒驱鬼进行宗教活动。彝语属汉藏语系藏缅语族彝语支。香格里拉彝族操北部方言（即凉山方言），

· 189 ·

内部无次方言之别，只有因支系和地域关系的土语差别。彝族有本民族的文字，称"倮倮文"或"夷字"，历史上称"爨文"或"韪书"，是一种超方言的音节文字。彝文与汉文一样，来源古老，其渊源可追溯到西安半坡出土的六千多年前的刻画符号。彝族民间有《玛牧特衣》等礼仪教育经典在民间长期沿袭。

彝族传统房屋主要有千脚落地式竹木结构房、木楞房和土墙房三种。山区和半山区的彝族喜爱住千脚落地竹木结构式建筑。这种房屋的建筑比较简单，平整一下屋基后，石脚只用少许石块铺垫。一所房子通常是两间通连，用9根圆木作柱，以3根横木为樑，樑和柱子用简单的榫口相接，屋架形成，上盖木板，四周用柴板或蔑笆围起来，房子基本形成。如今，多数彝族农民住上了新式瓦房和水泥砖房。

彝族服饰很讲究体现民族特点，讲究整体结构，式样、选料和颜色都有别于其他民族。妇女服饰，上黑下白，着红、黄、绿色刺绣、镶边的上衣，喜佩银耳环和串珠，也有金耳坠及头饰，衣领喜用排扣，有圆及三角形等；有歌唱到：彝

四、民族宗教

族"从头扮到脚,脚上系小铃;从脚扮到头,头上银筐筐。"彝族对银饰异常珍爱。妇女头戴宽大刺绣或无绣布帽,男子用黑色纱布缠成套头,穿蓝色或绿色宽衣裤,也有毛制白色上衣,做工精美,手工制成。男子也有戴耳环者。

迪庆彝族主要种植苦荞、甜荞、燕麦、土豆、蔓菁等作物,传统农业和畜牧业为生活主要来源。彝族肉食以坨坨肉为主,风味独特,开胃爽口。主食以荞面、燕麦炒面、土豆、蔓菁为主。苦荞粑粑是彝族人的主食之一,具有人体需要的多种氨基酸,味道略有清苦。彝族人自古喜爱饮酒,能自己酿制荞麦酒,清香醇,回味尤甜。

迪庆彝族实行"一夫一妻小家庭制度"。中华人民共和国成立前,彝族婚姻的基本特征是实行族办等级内婚,同时严禁与外族通婚。"家门亲,姨母亲为首",彝族不论父亲同姓与否,只要是姨母亲,儿女间关系则视同亲叔伯兄妹一样,互相不能结为夫妻。实行"姑舅表优先婚"的制度,也提倡广开亲门,有"贤者广开异亲,凡人近亲开婚,蛮汉强斗娶妻"和"三代开亲,子孙像猴"的说法。

迪庆彝族顺应自然的传统，生时亲和自然，普遍实行火葬。死后不用特定棺材、不立坟墓，将遗体火化，骨灰或撒在庄稼地或竹林里，也或将骨灰装进布袋，藏于离村庄较远的岩穴中。三年后，子女们要请"毕摩"举行盛大的做"措比"（祭祀）做斋仪式。

火把节是彝族迎接丰收，庆获胜利的节日。每年农历六月二十四至二十六日的火把节为彝族传统的隆重节日。每当夜幕降临，全村出动，手执火把在田间环绕，祈祷庄稼丰收。青年男女来到公共娱乐场地，围绕篝火，尽情歌舞作乐，热闹非凡。有的村寨还举行摔跤、斗牛等体育活动。

彝族人十分好客，有"客人长主三百岁"之俗话，凡有客人来，必须让座于最上方。忌在夜间吹口哨，忌跨越火塘、忌食猫、狗、马、骡、蛇等动物的肉。忌空手转告噩耗，要先给人家敬烟酒。

普米族　普米族自称"普英米""普日米"或"陪米"，"白人"之意，藏族称普米族为"巴"，他称其为"西番"或"巴苴"。1960年经民族识别后正式名为"普米族"。州境内的普米族，主

四、民族宗教

要分布于维西县永春乡菊香、拖枝、扎木迪,攀天阁乡的皆菊村以及香格里拉县三坝乡、洛吉乡、金江镇、上江乡、虎跳峡镇等地。主要居住在金沙江沿岸和澜沧江沿岸的河谷地带及半山区丘陵地带。

迪庆境内,在唐以前,广泛分布着普米的先民白狼、桀木,有学者论证白狼就是今普米先民。唐宋后大部被藏族、纳西所同化,融入藏族、纳西族中。根据本民族的传说和历史文献记载,普米族先民是原来居住在青海、甘肃和四川交汇地带的游牧部落,后来从高寒地带沿横断山脉向着温暖、低湿的川西南移。公元13世纪中叶,一部分普米人被元军征召,随忽必烈远征云南,之后屯田戍边,在包括迪庆在内的滇西北落脚,从此结束了"逐水草而迁徙"的游牧状态,开始以农耕为主的生活。

迪庆普米族主要信仰藏传佛教及其固有的原始宗教汗规教。因宗师(巫师)称"汗归",民间有"汗归教"之称。汗归识藏文经典,懂得藏传佛教仪轨,传说祖师是"益史丁巴什罗",为头戴五佛冠的藏传佛教神灵。汗规教宗师崇信多神、崇拜自然、崇敬祖先。主要的宗教活动有祭山神、祭灶神、祭祖先等。部分普米人信奉藏传佛教，人亡故后要请喇嘛举行超度仪式，亦有请东巴主持祭祀活动的。

普米族语属汉藏语系藏缅语族羌语支语种。普米族由于长期与纳西族、傈僳族、藏族杂居相处，语言、风俗发生了较大变化，有的普米族讲纳西语，有的讲傈僳语，有的讲汉语。

普米族传统民居为井干式木楞板屋，四壁用圆木头砍成卡口叠垒而成，高七八尺，上加椽檐，覆以杉木盖板，压上石头，一般为四合院或三坊一照壁。正房为重要活动场所，内设火塘，火塘和后方安有锅庄石及灶神位。

传统普米族服饰男戴宽边毡帽，内穿白色或蓝色衬衣，外穿枣红色大裆裤，布袜，棉鞋。女装一般是包黑色头帕，戴耳环，穿羊毛布襟短袄，蓝色长裤，系围裙，下穿蓝色长裤。年轻普米族女子上穿红色大襟短袄，衣领及袖口装饰花边，下穿镶有三道波浪花纹的白色百褶裙，系五彩氆氇带子。

普米族群众主食玉米，辅以大米、小麦、青

四、民族宗教

稗、燕麦、荞子、稗子等。喜食用猪肉做成的"琵琶肉",也常食牛、羊和兽肉,喜饮茶,嗜烟酒。普米族擅长养羊,羊在他们的生活中有特殊用途,除食用及以羊毛、羊皮作为御寒衣被外,在祭祀祖宗时还是必备的祭品。

普米族的婚姻以一夫一妻制为主,实行姑舅姨表优先婚。从订婚到结婚,要经过订亲、测算八字、过大礼、迎娶和坐家等过程。礼仪繁锁,主要有敬锅桩、过礼、迎娶三个步骤。实行男婚女嫁。依据传统的习惯,普米族的婚礼多选择在冬天农闲的季节举行。

迪庆普米族实行土葬丧葬仪式带有远古游牧部族的浓郁风格,仪式通常是经过"给羊""指路""下葬"三个程序进行的。

"给羊子"是普米族独特的丧葬仪式,也是普米族最重视的仪式之一,普米语称"史布融比"或"冗肯",意为"送亡灵到祖源地方"。相传人死之后,亡灵需要白绵羊引路才能返回祖源地,故有此举,"给羊子"的仪式在死者送山火化的头天晚上进行。先选择一只洁白健壮的绵羊,以死者的性别定公母。将选好的羊子牵到山泉边洗净四蹄和头角,不洗身,再牵到香坛处熏烟除污。请来主祭师唱《给羊子调》。做完各项仪式后由死者家族外的人宰杀绵羊,开膛后取其内脏、碎骨各一点装进麻布缝制的小口袋里供于灵前表示上路的坐骑交于亡者。祭奠完毕,羊肉分送亲邻。

出殡前,有祭司或长者唱丧歌,所唱内容是指死者的灵魂走出家门后训着一定的路线回归祖先的发源地。出殡至墓地,祭过山神入葬。

普米族禁止打狗,忌食狗肉;忌用手摸火塘上的三架和在灶上烘烤衣服;不准背着枪进门,须拿在手里进门;若门口立有经幡旗杆,旗色为白色或红色,杆顶插把尖刀,表示家里有病人,外人不得入内;

苗族 史籍称为"南蛮"的氏族或部落里有苗族先民。

迪庆苗族于光绪年间迁入迪庆境内,定居于香格里拉县境内金江镇的吾竹、车轴、士达、兴文等行政村,与当地汉、纳西、白、傈僳等民族杂居。分为"黑苗"和"白苗"两种。

苗语属汉藏语系苗瑶语族苗语支,香格里拉苗语属川黔滇方言的再次方言。由于苗族长期以

四、民族宗教

来和其他民族频繁交往，故兼通汉语、纳西语和其他民族语言，苗语只在本民族内部日常交往中使用。主要信仰祖先崇拜。每家的神龛供奉的就是祖先。最重视祭祖，汉历七月十五日为祭祖节。信奉鬼神，还有巫师主持丧事法事和驱鬼送神。

迪庆苗族建筑主要为土墙草顶或瓦顶的房屋。"三坊一照壁"或四合院。院落中，中间一所多为平房，做厨房用，两边两所楼房，正楼下层为主人寝室，上层作储藏粮食用。正房对面的侧楼为畜圈，下层饲养牲畜家禽，上层放草料。

迪庆苗族服饰男子一般都穿对襟或左大襟的短衣，下穿长裤，束大腰带，头缠青色长巾，冬天脚上多裹绑腿。妇女穿大领对襟短衣和长短不同的百褶裙、盘头，喜欢戴头饰。迪庆苗族饮食与当地白族、汉族、纳西族趋同。

迪庆苗族婚姻实行"一夫一妻小家庭制"，迪庆境内苗族传统的联姻习俗是父母包办，一般在幼年和童年时就定下了亲，定亲双方多是姑妈家和舅舅家，也有自由恋爱的。苗族联姻也不局限近亲关系，若有中意或有能力非近亲相娶的可以破近亲结缘。苗族近亲的原因的约定俗成，又有部分与家族不联姻的习俗。

苗族实行土葬,丧葬习俗与当地其他民族趋同。

迪庆苗族的节庆主要有龙船节、花山节(农历五月初五)(农历六、七月间稻谷成熟时)等。苗族最擅长芦笙舞蹈,苗人还以芦笙乐区分青苗、黑苗、白苗和辨别族性,每逢二月八,男女老少便会在林下花间,和着芦笙围成圆圈"打歌"。

回族　州境内回族主要分布于香格里拉县建塘镇、三坝乡,德钦县升平镇,维西县保和镇、白济汛乡等地,其中又以三坝乡和升平镇分布较集中。

迪庆境内最早的回族,可抵元代来自陕西、甘肃、青海和云南的大理洱源、丽江等地的回民前来迪庆境内开矿、经商和戍边士兵。部分为清同治年间大理回民杜文秀起义被镇压后的逃散者。

迪庆回族使用与其聚居的藏、彝、纳西等当地少数民族语言和汉语,使用伊斯兰文,信仰伊斯兰教。在德钦县升平镇和香格里拉县三坝乡哈巴村均设有清真寺。回族长期与藏族杂居联姻,也受到了藏传佛教的影响,也有信仰藏传佛教者,

四、民族宗教

一个家庭中往往有两种宗教信仰并存。迪庆回族基本上既能讲藏语,又能讲汉语。平时说话,多使用汉藏混合语。

迪庆回族的民居主要有碉式板屋、土墙瓦房两种。服饰除头戴白帽外,其他与藏族基本相同。饮食结构保留有回族固有的习惯。食用油以植物油、牛油、酥油为主,肉类主食牛肉。

迪庆回族实行"一夫一妻小家庭制",婚嫁习俗与内地回族基本相同,但受本地邻近其他民族影响,有着其独特的礼节和风俗,如多了献哈达、敬佛等。

回族实行土葬。安葬之日要先请阿訇为死者念经祈祷,书写经文,并请阿訇"剎油"。迪庆回族不信风水,送葬不看日期。但在送葬后的第三天、七天、四十天、一百天、周年等要请阿訇念经剎油、传油香,为逝者祈祷。

迪庆回族的主要节日有开斋节、古尔邦节。

(二)迪庆宗教

迪庆州宗教以藏传佛教为主,多种宗教多种教派并存。藏传佛教、天主教、基督教、伊斯兰教、东巴教、道教、原始宗教在这里和睦相处,形成了神秘、深邃的宗教文化殿堂。迪庆香格里拉的宗教文化，奇特之处不仅在于其多元性，更在于它的包容性和交融性。这种从冲突、抵制到包容、交融的过程，或许正印证了《消失的地平线》中所说的一句至理名言：宝石是多面体的，而且许多宗教都可能有自己适度的真理。正是这种共存性和交融性，使这块总面积为2.3万多平方公里的高原，形成了诸神并存的圣地。香格里拉县城大龟山，道观佛寺同居一山；维西康普寿国寺，一楼供奉藏传佛教的神灵菩萨，二楼却为道教八仙过海图；在中西文化合璧的德钦茨中天主教堂外，就是藏传佛教的玛尼堆。

藏传佛教是人类文明史上的奇观，是中华民族传统文化的重要组成部分，是渗透于建筑、雕塑、绘画、文字、音乐、舞蹈、民风民俗等多方面精华的汇集。在迪庆流传的藏传佛教有宁玛派、噶举派、格鲁派等。藏传佛教是迪庆香格里拉的主体宗教文化。

东巴教是享誉世界的东巴文化的主要组成部分，是纳西族古老原始宗教基础上吸纳借鉴藏族苯教一些仪轨而形成的纳西族的宗教。东巴教经

四、民族宗教

典以象形文字--东巴文记录,是迄今还"活着"的最古老的文字之一。东巴教没有固定的寺庙,以祖先崇拜、鬼神崇拜、自然崇拜为基本内容,以祭天、丧葬仪式、驱鬼、禳灾和卜卦等活动作为其主要表现形式。东巴教的发祥地就在香格里拉县三坝纳西族乡一带。

基督教于 20 世纪初传入迪庆,主要在澜沧江沿岸的傈僳族聚居区传播和发展。英国传教士为了能在怒江、迪庆一带的傈僳族中传教,创制了拉丁化的傈僳文,并用傈僳文翻译了《圣经》。随着傈僳文字的推广,基督教在傈僳族地区迅速传播开来。

天主教于 1848 年以后传入迪庆,在经过中西方思想和观念的交锋撞击后,得以在澜沧江峡谷一带传承。岁月流逝,当年传教士的身影早已消匿,然而澜沧江峡谷的信徒民众仍在用优美的藏文书写《圣经》,用动听的藏语一遍遍诵着给主的赞美诗。

道教在明末清初随着汉族的迁入而传入迪庆。此外,迪庆还有彝族的毕摩教、傈僳族的堆玛、尼扒、尼玛等自然崇拜的原始宗教等。

五、旅游文化

迪庆香格里拉,自古就是藏民族最理想的"如意宝地",藏族民歌唱道:"太阳最早照耀的地方,是东方的结塘,人间最殊胜的净土是奶子河畔的香格里拉"。迪庆位于云南省西北部的滇、川、藏"大三角"区域,是国家"三江并流"风景名胜区的一颗明珠,地处迪庆香格里拉腹心地带。迪庆是一片人间少有的完美保留自然生态和民族传统文化的净土,素有"高山大花园""动植物王国""有色金属王国"的美称。万里长江第一湾呈"V"字型包裹着这块全省县级国土面积最大的"如意宝地",滇藏公路纵贯全境。是一个以藏族为主体、多民族相融相生、地域辽阔、资源丰富的民族自治州;是一个自然景观、人文景观的富集区域。

（一）自然景观

"三江并流"　"三江并流"是指金沙江、澜沧江和怒江这三条发源于青藏高原的大江在云南省境内自北向南并行奔流170多公里，穿越担当力卡山、高黎贡山、怒山和云岭等崇山峻岭之间，形成世界上罕见的"江水并流而不交汇"的奇特自然地理景观。其间澜沧江与金沙江最短直线距离为66公里，澜沧江与怒江的最短直线距离不到19公里。

"三江并流"自然景观由怒江、澜沧江、金沙江及其流域内的山脉组成，涵盖范围达170万公顷，它包括位于云南省丽江市、迪庆藏族自治州、怒江傈僳族自治州的9个自然保护区和10个风景名胜区。它地处东亚、南亚和青藏高原三大地理区域的交汇处，是世界上罕见的高山地貌及其演化的代表地区，也是世界上生物物种最丰富的地区之一。景区跨越丽江地区、迪庆藏族自治州、怒江傈僳族自治州三个地州。

1988年经国务院批准，"三江并流"被国务院批准为国家级重点风景名胜区。整个区域面积3.2万平方千米，遗产地面积1.7万平方千米，其中核心区面积8609.1平方千米,由高黎贡山、白马——梅里雪山、哈巴雪山、千湖山、红山、云岭、老君山、老窝山等八大片区组成。具有茶马古道发祥地、中国境内面积最大的世界遗产地、世界上蕴藏最丰富的地质地貌博物馆、"世界生物基因库",世界上生物物种最丰富的地区之一、"天然高山花园"、世界上罕见的高山地貌及其演化的代表地区等区域特色。其中白马——梅里雪山、哈巴雪山、千湖山和红山四大片区在迪庆境内,占"三江并流"核心区面积的58%,因而迪庆是"三江并流"的核心地带。

"三江并流"区域的景观除"三江并流"奇观外,还有壮观的雪山冰川,险峻的丹霞峰丛和喀斯特台地。有瀑布、溪流、高山草甸、高原湖泊、喀斯特地貌、原始森林等,景观类型之多,内容之丰富,景观质量之高举世罕见。从海拔760米至6740米的立体植被和从亚热带到寒带的立体气候和生物多样性,使"三江并流"区域成为世界少有、珍贵而理想的,适合专业人员科考、研究、探险的圣地,同时也适宜普通游客猎奇、旅游、休闲、观光。2003年7月,被联合国教科文世界遗产委员会列入《世界自然遗产名录》。

普达措国家公园 "普达措"为梵文音译，意为"舟湖"，措是藏语"湖"或"海"的意思，普达措就是指"脱离苦海，到达理想彼岸之舟的湖"。最早文字记载于藏传佛教噶玛巴活佛第十世法王（1604-1674年）《曲英多杰传记》。书中第五十页写道：法王往姜人辖下的圣地以及山川游历观赏，在建塘边上有一具"八种德"的名叫普达的湖泊，犹如卫地观音净土（布达拉）之特征。此地僻静无喧嚣，湖水明眼净心。湖中有一型如珍珠装点之曼陀罗的小岛耸立其间，周围环绕普达措湖水，周边是无限艳丽的草甸，由各种药草和鲜花点缀。山上森林茂密，树种繁多。堪称建塘天生之"普达胜境"。大成就者噶玛巴希（1204-1283年）称之为"建塘普达，天然生成"。

普达措位于香格里拉市东北部30千米处，由国际重要湿地碧塔海自然保护区和属都湖景区两部分构成，总面积约300平方千米。处于滇西北亚高山寒温性针叶林植被带，最高点在弥里塘北部山顶，海拔4159米；最低点在碧塔海布部金子沟，海拔3200米，相对高差959米。普达措湖光山水绚丽多彩，有普达小岛亭亭玉立，有杜鹃醉鱼、老熊摸鱼等趣闻轶事。2007年6月21日，我国大陆首个被定名为国家公园的保护区香格里拉普达措国家公园正式揭牌，公园集环境保护、生态旅游、环境教育和社区受益功能为一体，旅游资源由自然生态景观资源和人文景观资源两部分构成。自然生态景观资源分地质地貌景观资源、湖泊湿地生态旅游资源、森林草甸生态旅游资源、河谷溪流旅游资源、珍稀动植物和观赏植物资源五大部分。人文景观资源是为普达措国家公园自然生态景观注入活的灵魂的藏族传统文化，包括宗教文化、农牧文化、民俗风情、房屋建议及农牧区风光等。

可以从中体验藏族民俗文化和大众生态观光旅游，满足游客户外运动、软式探险、徒步穿越和科学考察的需要。

虎跳峡　虎跳峡是世界上著名的大峡谷之一，以险、惊、奇、绝闻名天下。峡长20公里，落差213米，分为上虎跳、中虎跳、下虎跳三段，共有险滩18处。峡口海拔1800米，海拔高差3900多米，峡谷之深位居世界前列。江水在玉龙、哈巴两座雪山的夹峙下奔流向前，气势不凡。江面最窄处仅20多米，江心虎跳石有13米高，横卧中流，如一道跌瀑高坎陡立眼前，把激流一分为二，惊涛震天。传说曾有一猛虎借江心这块巨石，从玉龙雪山一侧，一跃而跳到哈巴雪山，故此石取名虎跳石，有"虎跳峡谷天下险"之说。诗人孙髯翁有诗："劈开蕃城斧无痕，流出犁牛向丽奔。一线中分天作堑，两山峡斗石为门"，虎跳峡也因此得名。2005年，虎跳峡被《中国国家地理》杂志社评为"中国最美的十大峡谷"之一。2010年，虎跳峡旅游景区被评定为AAAA级景区。

虎跳峡的壮美风光吸引了大批国内外"背包客"来这里徒步旅行，被誉为"世界十大经典徒步线路之一"。由高路徒步线及中虎跳徒步线组成，是世界级的徒步圣地。从香格里拉虎跳峡镇开始，至中峡结束，总长约23公里，是一条蜿蜒在哈巴雪山山腰的小路。徒步高路，行哈巴、看玉龙、赏金沙，将高山、激流、峡谷、雪山景观一网打尽，还可在沿途山乡客栈享受世外桃源般的静谧时光，感受少数民族特有的人文风貌。

梅里雪山 梅里雪山地处滇、川、藏三省结合部,是大香格里拉旅游区和三江并流世界自然遗产腹心地,是国家AAAA级景区。位于云南省迪庆藏族自治州德钦县西边约20千米的横断山脉中段怒江与澜沧江之间,平均海拔在6000米以上。"梅里"一词为德钦藏语,意思是"药山"。澜沧江和怒江分东西两侧从山脚下流过,顺河谷而上的暖湿空气与冷空气相遇,常使这里气候变幻莫测。雪峰直指蓝天,碧水深切峡谷。四周浓郁的原始森林,林外绿茵上的羊群如白云点缀,盛产虫草、雪莲、贝母等,"药山"因盛产各种名贵药材而得名。

梅里雪山以其巍峨壮丽、神秘莫测而闻名于世,梅里雪山在藏区称"卡瓦格博雪山",在藏民心中是一座圣山,主峰卡瓦格博海拔6740米,是云南最高的山峰,藏语称"绒赞卡瓦格博",绒:指河谷地带;赞:属于很厉害的神;卡瓦格博:白色的大雪山;整个意思为:神圣的白雪山峰。早在30年代美国学者就称赞卡瓦格博峰是"世界最美之山"。至今仍是人类未能征服的"处女峰",也是唯一一座因文化得名而受保护禁止攀登的高峰。

五、旅游文化

卡瓦格博峰下，冰斗、冰川连绵，犹如玉龙伸延，冰雪耀眼夺目，卡瓦格博峰下的明永冰川是云南最大、最长的冰川，也是世界稀有的低纬度、低海拔季风海洋性现代冰川。雨崩神瀑位于卡瓦格博峰南侧，是一条从千米悬崖倾泻而下的瀑布，像万千匹白练悠悠然下垂，经风一吹，不时涌银毕玉，飘飘洒洒，十分优雅。若逢阳光照晒，云雾蒸腾，便有彩虹出现，美若仙境。转经香客朝拜雨崩神瀑，以飞泻而下的瀑水淋湿衣襟为吉兆，更以能见到彩虹为终生大幸。

梅里雪山是雍仲本教圣地，雍仲本教有四大神山之说，主要有阿里的岗底斯山、林芝的本日神山，昌都的孜珠山、德钦的梅里雪山。梅里雪山是一座神山，和西藏的冈仁波齐、青海的阿尼玛卿山、青海的尕朵觉沃并称为藏传佛教四大神山。在藏文经卷中，太子雪山的13座将近6000米或以上的高峰，均被奉为"修行于太子宫殿的神仙"，特别是主峰卡格博，被尊奉为"藏传佛教的八大神山之首"。藏区流传的指南经引人入佛境："卡瓦格博外形如八座佛光赫弈的佛塔，内似千佛簇拥集会诵经……具佛缘的千佛聚于顶上，成千上万个勇猛空行盘旋于四方。这神奇而令人向往的吉祥圣地，有缘人拜祭时，会出现无限奇迹。戴罪身朝拜，则殊难酬已愿……"每年云南、西藏、四川、青海、甘肃的藏民朝圣转经者络绎不绝，羊年到此的人更多。

同时，梅里雪山地区是一个多宗教，多教派的藏区，以藏传佛教为主体，并存天主教，基督教和伊斯兰教，多宗教共存共荣。

白马雪山　白马雪山（又名白茫雪山）国家级自然保护区位于青藏高原南延部分横断山脉中段、云岭山脉北段东坡，迪庆州德钦县境内东南部。总面积已扩至27万公顷，为云南最大，以保护滇金丝猴等野生动物和丰富的高山植物等为目的。山峰最高为扎拉雀尼峰，海拔6540米；最低为霞若乡，海拔2080米，气候垂直差异很大，形成立体感极强的气候特征和植被类型。由于特殊的地理位置和气候条件，这里的气候可以说是"一山有四季，隔里不同天"，一座山上就可以看到四季景象，河谷内气候炎热，半山凉意浓浓，到山顶则是一片冰天雪地、寒意袭人。植被分布也是非常明显，山脚植被非常稀少，而山腰以上则是林线，随着海拔的升高，植被覆盖变得浓密茂盛，原始森林区之上是高山草甸，森林和草甸是藏民的夏季牧场，高山草甸之上是高山流石滩，以上就是终年积雪的雪山！

在横断山脉的茫茫林海中，掩映着一座座气势磅礴的雪山。这里是著名的国家级自然保护区，在它高远广阔的胸怀里，滇金丝猴、云豹等许多珍禽异兽和谐、自由的繁衍生存；红豆杉、黄杜鹃构成林海花海的奇妙景观。本区的国家重点保护植物有星叶草、澜沧黄杉等十多种，国家重点保护动物有滇金丝猴、云豹、小熊猫等30多种，有"寒温带高山动植物王国"之称，具很高的科学价值。

白水台 白水台位于香格里拉县城东南的三坝乡白地村，海拔2380米，是纳西族东巴教的发祥地。远处看去，青山掩映中的白水台造型真的就像层层梯田，在阳光照耀下，又仿若摄影作品中凝固的瀑布一般。它是由于碳酸钙溶解于泉水中而形成的自然奇观。含碳酸氢钙的泉水慢慢下流，碳酸盐逐渐沉淀，长年累月就形成台幔，好似层层梯田，被称为"仙人遗田"，面积约3平方公里,它是我国最大的华泉台地。

纳西语称白水台为"释卜芝"意为逐渐长大的花,白水台左侧,一泉台形似一弯新月,清泉盈盈四溢,相传是仙女梳妆的地方。泉台左下侧一石穹窿,洁白如玉,形如一怀孕女子,是当地群众供奉生殖神的地方,白水台不仅是一个风景秀丽的地方,又是纳西族东巴教的发源地中心,宗教活动和民族节目的活动之处。据考证,白水台最初是作为神祇来敬奉的。相传纳西族东巴教的第一圣祖丁巴什罗从西藏学习佛经回来,途径白水台被其美景吸引,留下来设坛传教,在白水台修炼成道,因而被人们奉为东巴道场,是纳西族东巴教徒的神圣之地。每年农历二月初八,当地的藏、纳西、彝、白、傈僳等民族要到白水台进行祭祀活动,以歌舞娱神,民族风情十分浓郁。

早在唐宋时代,白水台就是滇西一带有名的游览胜地。在源头的石壁上刻有明代纳西土知府木高所题诗一首:"五百年前一行僧,曾居佛地守弘能。云波雪浪三千垄,玉埂银丘数万塍。曲曲同流尘不染,层层琼涌水常凝,长江永作心田玉,羡此高人了上乘。"白水台洁白晶莹,美得自然、

五、旅游文化

和谐，沁人心脾，没有人工雕琢，是大自然之鬼斧神工。

纳帕海 纳帕海保护区是迪庆最大的草原，距香格里拉城顺滇藏公路西北行8公里处，为自然保护区。保护区海拔3266米，湖泊积水面积660平方公里。地势平坦，西、北、东三面环山，冬春季节，山岭积雪。纳曲河、奶子河、青龙潭等十余条河弯弯曲曲，流经草原注入纳帕海。海西北面的辛雅拉雪山山麓有天然落水洞九处，湖水经溶洞，从尼西汤满排出，流人金沙江。雨季湖面增高，旱季湖水缩小，大部分地区成为沼泽和草甸。每当夏季，绿草茵茵，野花竞相开放，成群的牛羊如云飘动，呈现"风吹草低见牛羊"的草原美景。

纳帕海保护区是国家一类保护动物珍稀飞禽黑颈鹤的理想栖息地，"高原仙子"黑颈鹤，俗名藏鹤或仙鹤。纳帕湖畔流传着一个动人的故事：很久以前，黑颈鹤经常到青稞地中寻觅青稞种子，到青稞长出后又大吃青稞苗，秋天青稞成熟时则大嚼青稞籽。人们对黑颈鹤的行为又气又无奈，最后终于用下扣的办法捉住了它。当人与鹤相面对，他们彼此都想给蚕并得到对方的感情，于是人与黑颈鹤结为弟兄，并作下这样的盟约：黑颈鹤永远不再破坏庄稼地！不再以青稞为食，只吃危害庄稼的害虫；人类发誓永不捕猎黑颈鹤，并将自己的三根头发给了黑颈鹤，要它装点在头部以证明与人类的亲情关系。从此黑颈鹤的头上就有了三根人的头发。每年入冬时节，黑颈鹤从青海湖等地陆续飞抵香格里拉纳帕海一带，与数以万计先到一步的斑头雁、黑鹳、黄鸭、麻鸭等候鸟结伴而栖，和成群的牛羊和睦共处，人去鸟不惊，成为香格里拉草原上的一大奇观。

千湖山 千湖山藏语称"拉姆冬措"，意为神女千湖或仙女千湖，以三碧海、大黑海为中心，向四周散开。千湖山的湖有的圆若明镜，有的长似游鱼；有的开阔平坦，有的幽深宁静；有的半环于山洼深处，有的掩映于杜鹃丛中，有的似珠玉成串，有的孤悬于草甸中间；有的怪石露出如鳄鱼探头，有的水色深沉似无底深渊……真是千姿百态。千湖山周围被原始森林所覆盖，多为高大笔直的冷杉、云杉。湖畔长满了杜鹃林，多是黄杜鹃、红杜鹃和白杜鹃，花冠硕大，色泽鲜艳。

五、旅游文化

千湖山湖区分布在海拔3900米至4000米地方，以三碧海、大黑海为中心，方圆150平方千米，有面积10亩以下者数以千计。这些湖有的圆若明镜，有的长似游鱼；有的开阔平坦，有的幽深宁静；有的半环于山洼深处，有的掩映于杜鹃丛中，有的似珠玉成串，有的孤悬于草甸中间；有的怪石露出如鳄鱼探头，有的水色深沉似无底深渊……真是千姿百态。湖周围被原始森林所覆盖，多为高大笔直的冷杉、云杉。湖畔长满了杜鹃林，多是黄杜鹃、红杜鹃和白杜鹃，花冠硕大，色泽鲜艳。杜鹃盘根错节，形成一大天然奇观，幽静的湖面不时有戏水的黄鸭飞过，给恬静的湖和清秀的山色增色。

相传有仙女在此梳妆，不小心失落了镜子，破碎的镜片散落于群山之中就变成了许许多多的湖泊。千湖山上共有大大小小近300个高山湖泊，以三碧海、大黑海为中心，均分布于海拔3800米至4000米的地方，堪称云南高山湖泊最集中的地方。

天生桥　香格里拉天生桥是天然生成的巨型石桥。桥上有天然的龙卧造型，长约七百米，形象生动,被称为化石龙,附近有两个温泉群,共同构成兼具阳刚与阴柔之美的奇异景观。天然石桥高70米,宽7至8米,长500米,桥体巍峨壁立,桥面上有天然石栏。桥壁岩上布满蜂窝状洞穴,栖居着岩鸽、红嘴鸦。桥下流水清幽,不时有鱼儿往来。

处处桥梁结构成,偏于此处现天生。
谁驱五丁垒玉柱,谁凿混沌水心泓。
桥自桥兮水自水,无心凑合非经营。
岩若无水桥空立,假水无桥水难行。
此水此桥合一处,造化安排有权衡。
但得处处天生就,跨湖架海悉坦乎。

这是乾隆年间刻于天生桥南端摩崖上的诗。藏语称天生桥为"白穷柞巴",意为"莲花生走过的天桥"。相传当年莲花生弘扬佛法时四处游走,一日,走到硕多岗河畔,河水暴涨挡住了去路,他只好住到河边的神山上。山神得知莲花生被水所阻,以法术从山上搬来巨石造桥,莲花生就从这桥上过了河。过桥后,莲花生又在众山神为他开放的温泉池里沐浴净身。这个传说使天生桥的地热温泉充满藏传佛教氛围。每到春节,藏

五、旅游文化

民们就来此沐浴,相信由此可洗却一年的烦恼。据说这种沐浴对医治皮肤病、关节炎、风湿病特别有效。天生桥四周,山势蜿蜒秀丽,"苍松古柏,茂林修竹,掩映葱茏。繁花奇木,清幽鲜明"仿佛整个高原的雄奇、峻伟在此都幻化成一种婉约,一种灵秀,让人想起那清幽、明净的世外桃源。

长江第一湾 万里长江从"世界屋脊"青藏高原奔腾而下,由四川巴塘县境进入云南迪庆香格里拉境内,与澜沧江、怒江一起在横断山脉的高山深谷间穿行,在德钦县羊拉乡进入迪庆境内,南流至金江镇兴文撒苏碧村与丽江市玉龙县石鼓镇之间,受断裂构造影响,南流的江水突然向北转了个125度的急弯,绕行香格里拉县达375千米。形成的"V"字形大拐弯,被称为"长江第一湾"。这里是万里长江"大江东去"的起点,是"地球表面最为特殊的景观之一"。

长江第一湾边的村寨名叫沙松碧,大部分居民都是纳西族。这里是著名的古渡口,据说三国时期,蜀国丞相诸葛亮"五月渡泸",元初忽必烈南征"革囊渡江",都选择这里为渡口。1936年红二方面军长征过中甸,也由此渡江。沙松碧对岸，便是著名的历史名镇——石鼓镇。据史记载，元初，忽必烈分兵三路从西北进军云南偷袭南宋大后方时，其中西面兀良合台一路，曾激战于石鼓和沙松碧一带。《木氏宦谱（甲）·阿良传》载："宋理宗宝祐元年……忽必烈亲征大理，良领兵迎于'喇巴江口'，所谓'喇巴江口'即是石鼓渡口。另外，石鼓至沙松碧一带是滇藏贸易的重要要通道，这里气候湿润温和，物产丰富。这里还有许多美丽的传说，相传木天王曾在这一带藏有宝物，并留有一道谶语中说：

　　石人对石鼓

　　金银万万五

　　谁能猜得破

　　买得丽江府

谶语中的"石人"，就在这撒苏碧村北一公里处，江边有一人形岩石，江水枯季时就能看到。

萨玛阁　1981年划定为自然保护区，总面积243平方公里。位于迪庆德钦云岭山脉，与德钦县的天然林保护林区连成一体，绵亘数百里，是金沙江西岸的重要水源林和野生动物栖息地。恰好是中温带南亚印缅东缘和青藏高原南缘过渡区。

五、旅游文化

最高点通萨岗海拔4170米,向东逐渐降低,到柯公村海拔2230米。进入保护区,只见树干交错,遮天蔽日,云杉、冷杉树干通直,树形高大。长苞杉、黄果冷杉、红果圆柏、杜鹃、沙棘、箭竹等乔木生长其间。还有珠子参(土三七)、东莨菪(三分三)等药材生长,整个保护区植被良好,生物资源丰富。滇金丝猴、小熊猫、大灵猫等国家一、二类保护野生动物栖息于此。是观赏滇金丝猴亚群的最佳观赏地。

赤土仙人洞　赤土仙人洞海拔2600米,是目前香格里拉发现的较大的喀斯特溶洞。洞口石壁上天生一个脚印,五指俱全,被视为世间少有的奇特景象。另有一温泉名叫"喊泉",泉眼深藏洞中,人至洞前大喊数声,一股泉水从洞中喷涌而出。掬之入口,其味甘甜,据说还能治病。

仙人洞洞长尚未探明,据传,有人腰系绳子前去探洞,绳子用光,还是未知深浅,那人已在洞里摸爬了三天三夜。自前游人可至的距离约为2至3公里。洞口高十余米,形似房宇,当地老百姓称此洞与下洞相连,虽近在咫尺,但曲径环绕,需7天方能到达另一洞口。洞口十分宽敞,大厅可容数百人。在大厅左侧的石台上,钟乳石形似弥勒佛,神态逼真。佛像旁有一碗大的水坑,泉水从倒挂的石笋尖滴入碗内。老百姓称为神泉,认为喝了能逢凶化吉,百病不侵。大厅右侧的石窟内,有一匹天然石马,浑身篷白,似背负经书,正翘首远望。大厅中央有一浅坑,坑内有一块呈六角形的青石,以石击坑,轰声如雷,声震山谷,当地人称为"石鼓"。每逢久旱未雨,人们便到此击鼓求雨。

赤土仙人洞有一个"歌舞留佛"的传说:古时候,噶玛巴活佛周游康南藏区传教,行到格咱赤土山时,隐约听到山里有鼓锣之音,他求卜得知此处有一个尚未开门的仙人洞,藏有稀世珍宝,以锣鼓之音传递有缘之人。噶玛巴活佛抛哈达选择开门之处,几次都不如意,就让弟子喜洛桑波来抛,弟子将哈达抛到悬崖中间,令活佛十分满意,就教授他开仙门的佛法并封他为洞主。喜洛桑波在洞外念经三年三月又三天,烧香千次,便开始凿石开启洞门,历经三个月仍未打开,他按捺不住,猛力推开了洞门,由此铸下憾事:洞内的珍宝因没到缘定之日,纷纷往外飞散。信佛的人们

五、旅游文化

闻讯赶来，在洞前跳起锅庄舞，留住了意欲离老的菩萨和一些珍宝。这个日子就成为仙人洞开洞纪念日。

许多年以来，每逢正月十五日、七月十五日、十二月十五日，那格拉、东旺一带的群众要在赤土仙人洞举行聚会，祭祀山神朝拜石佛、石马、石脚印。载歌载舞、篝火通明，通宵达旦的情景称得上是山里的狂欢节。

（二）人文景观

噶丹·松赞林寺 从香格里拉市中心向北望去，在宽阔的草原尽头，群山之间，有一座依山而起宏伟壮丽、气势磅礴，屋顶上有鎏金铜瓦熠熠放光、夺人眼目的典型的藏式碉楼式建筑群，是清朝康熙皇帝和五世达赖所敕建的藏区十三林之一，因其外观布局酷似布达拉宫，所以又有"小布达拉宫"之称。据说，在固始汗和达赖五世时期，康区灾害频繁，连续七年粮食无收获，众生陷入苦海，一时俗民不守法，僧不顾清规，僧众四处流落，民心惶惶。对此，固始汗和达赖五世占卜问卦，决定在康区建"十三林"。选寺址时由达赖五世占卜定址，得神示："林木深幽现清泉，天降金鹜嬉其间。"果然，现松赞林寺所在地，有清泉淙淙，春夏不溢，秋冬不涸，常见金鹜一对出入。观地相，众山有如万马归槽之势，显然此地为天赐胜境。选址后公元1679年动工，于公元1681年竣工。达赖五世赐名："噶丹·松赞林"。"噶丹"表示与格鲁派创始人宗喀巴有相承关系，"松赞"即天界三神（帝释、猛利和娄宿）的游戏场所。"松赞林"意思是"一切显密非一次修成，为使无垢之法源源不断地惠及众生，使之圆满，特建此寺作为众生集福田之地"。清雍正时又赐名"归化寺"。是云南省规模最大的藏传佛教格鲁派寺院，在整个藏区都有着举足轻重的地位。

松赞林寺的建筑布局依山势曲叠而上，传说香巴拉王国核心神山下的金瓦寺，与松赞林寺现实位置极其吻合，故又誉为"香格里拉神灵栖息地"。扎仓（寺院主殿）、宗喀巴大殿（吉康）、释迦牟尼殿（珠康）三座大殿居中，象征着供奉于莲花心部的佛、法、僧三宝。大殿屋顶镀金铜瓦，"远近百里如见佛光"。八大康参环绕主殿大寺，形同八瓣莲花。二百余间僧舍，层楼重叠、簇拥拱卫、层层递进，远如众星拱月。主建筑扎仓，

五、旅游文化

藏语意为僧院,是僧众学习经典、修研教义的地方。后殿供有宗喀巴、弥勒佛、七世达赖铜佛,高三丈有余。中层有拉康八间,分别为诸神殿、护法殿、堪布室、静室、膳室等。前楼客厅供贵宾宴会及观赏"羌姆"(面具)舞时使用。顶层正楼设精舍佛堂,供奉五世达赖、七世达赖佛像,以及贝叶经卷、唐卡、传世法器等。

从空中俯瞰松赞林寺全景,整个建筑群,背靠佛屏山,倒影拉姆央措湖,气势恢宏、错落有致、金顶白墙红边。目穷所至、白红相间,白塔、玛尼堆点缀其间,浑然一体,与远处雪山上映出的金光相映成趣、富丽堂皇、蔚为壮观。

松赞林寺里的每一尊佛像、每一个法器、每一幅壁画和唐卡里都蕴含着丰富的宗教思想和寓意,拥有极高的历史价值和艺术价值,代表着一定历史时期的制作技术和艺术追求。壁画、唐卡绘制、酥油花制作、藏戏"羌姆"表演、藏医药诊断、雕刻技术、天文历算等各类藏传佛教艺术一应俱全,在寺院中能够体会到数十种国家级非物质文化遗产。寺院内还珍藏着许多经典古书、珍藏佛像和古文物,无论是高达十八米的宗喀巴大师坐像,还是仅有二十厘米高的纯金释迦牟尼佛像;无论是寺院大门前的四大天王壁画,还是囊括宇宙万物的六道轮回图;无论是八尊菩萨的塑身,还是佛祖得道图……都是藏传佛教艺术的珍品,包含了宗教哲学、科学技术、文学艺术、生态环境等诸多方面的内容,体现了藏传佛教的博大精深。堪称为在云南藏区的藏文化艺术殿堂、藏文化宝库和藏文化博物馆。

关于香格里拉,松赞林寺永远是其最为核心的元素,在这里不仅可以领略到香格里拉的自然景观,更可以从松赞林寺的人文景观中感受到香格里拉人与自然和谐、人与人和谐、人的自身与内心和谐的精神境界,了解香格里拉"天人合一"的精神内涵。它是中国藏传佛教文化中的一块瑰宝,是香格里拉这一永恒和谐的圣洁之地的历史沉淀,是超脱心灵时空交错轮回之门,是承接与升华新环境下藏传佛教思想的地方。

噶丹·东竹林寺 位于迪庆州德钦县奔子栏乡书松村南永干顶东坡上。始建于公元1667年(清康熙六年),藏历十一绕迥火羊年。原名"冲冲措岗寺",意为仙鹤湖畔之寺,寺址在新寺西北的 3 公里处。

相传第三世青古活佛一日在梦中见"冲冲措岗"寺有无数僧人在寺前山坡上举行佛事活动，其地貌如巨象献宝般破山而出，并听到如雷般的预言"此地是僧伽云集，共同修行密法之所，如无人斩断象鼻，此寺将永固"，青古活佛醒来后决定将寺庙搬至他梦中所见的山坡上，并在西藏昌都强巴林寺帕巴拉活佛作为施主的格鲁派势力支持下与原来的噶举派寺庙"冲冲措岗"寺合并，取名噶丹·东竹林，全意为兜率天诸事成就之寺。该寺除大寺之外与松赞林寺不同的是，不设康参，而在各地建立"安曲"，意为寺院所辖静修点，是僧众汇集讲经说法之地。这是因为该寺教区山高路险，所辖范围跨乡镇，特别到冬季雪封山后，僧人和信教群众集散困难。寺院下属的七个"安曲"为，奔子栏安曲、叶日安曲、书松安曲、次卡塘安曲、泽塘安曲、托顶安曲、柯公安曲，以满足各地法事活动的需要。东竹林寺与德钦林寺、羊八景寺（红坡寺）为一脉传承，红坡寺为母寺，东竹林寺和德钦寺为子寺。三个寺院僧人的银饷都由红坡寺发放（红坡——藏语意为"银饷"）。

寺院建筑规模宏伟，远看犹如大象头戴黄金宝冠神圣而庄严，并经昌都帕巴拉活佛向清朝皇上特请准许东竹林寺为他做寿，因此历代清帝不仅在财经、供品等方面给予照顾，还给予象征某些特权的招贴、匾额及封号。

该寺在"文化大革命"中被毁，1985年，东竹林寺在第七世噶达活佛、第三世巴卡活佛、第六世扎塘活佛的带领下，由迪庆州人民政府、德钦县人民政府拨款新修。由于该旧址已经成为周围群众的庄稼地，为不影响群众的生产生活，决定选址重建。经过三位活佛共同占卜问神，认为"永公顶"这个地方在如莲花般的众山之间，此地与奔子栏地区守护神"日尼巴吾多吉"相望，背靠卡瓦格博东大门守护神"白马雪山"，金沙江河谷尽收眼底，是理想的建寺之地。因此决定在此地恢复重建噶丹·东竹林寺。

新寺建筑井然有序，布局合理。远远望去，平顶楼房鳞次栉比，俨然一座城镇。位居中央的大经堂为四层土木结构建筑，82根合抱大柱成网状密布，底层是全寺喇嘛诵经处，正面供奉有格鲁派始祖宗喀巴及其弟子达玛仁青和一世班禅克

五、旅游文化

珠杰像（俗称"师徒三尊"），两侧是释迦牟尼、观世音、文殊、度母、普贤等佛和经堂、佛殿，堪布（掌教）念经和起居的静室。各层内外都装璜富丽，彩绘纷呈，加上宗教艺术瑰宝——雕塑、唐卡、壁画的装点，更显得金碧辉煌，气氛庄严肃穆。二层新塑的强巴佛高6.8米，头部直到第三层，脸形丰满，形象逼真。觉卧拉康（释迦牟尼佛殿）的佛像高约10.5米，铜质鎏金，佛冠及前胸镶满珍珠宝石，系拉萨色拉寺所赠。东竹林寺还珍藏一幅长达8.5米、宽5.2米的大型唐卡，是用五彩丝线精织而成的护法神像，每年举行跳神法会时展出一次，供香客观瞻礼拜。目前该寺建有五层大殿、辩经院，僧舍如群星拱月般散落周围，整个寺院坐落在像莲花般盛开的群山之中，令人心旷神怡，美不胜收。

　　噶丹·德钦林寺　位于迪庆州德钦县升平镇阿墩子境内。公元1990年迁址县城南部"吉姆楚"旁。该寺原为噶举派寺院，当地称"居滚巴"，藏历第十一绕迥木虎年清康熙十三年（公元1674年）被格鲁派兼并，改宗为格鲁派。清康熙十五年（公元1676年），五世达赖喇嘛赐名"噶丹·

德钦林",正式成为格鲁派寺院,全意为兜率天大乐寺。

该寺原建在德钦县升平镇西面山坡上,下辖两个安曲(阿东安曲、巨水安曲)和三个密参,有高及三丈的经堂大殿、僧舍林立。清光绪三十一年(公元1905年)因参加反洋教的"阿墩子教案",清朝政府屈从帝国主义势力,派遣清军达字、建威、阵白等营兵一千多人,镇压僧俗民众。德钦寺的经堂大殿、僧舍、珍贵文物全被清兵焚毁,仅剩一尊"觉吾"铜佛像。清光绪三十三年(公元1907年),阿墩子僧俗民众在县城西北山坡上重建寺院。经堂大殿比原寺更大,当时内塑高3丈的"强巴"佛大镀金铜像。经堂内保存有丽江版朱砂红字"丹珠尔""甘珠尔"经书各二部,各种藏文佛教经典几百部,各种金、银、铜质祭神器皿和宗教活动用的法器乐器等。还保存着历代藏、汉之间的往来文书及资料。

噶丹·羊八景林(红坡寺) 位于迪庆州德钦县云岭乡红坡村,当地称红坡寺。(红坡村是个山谷中的村庄,绿树掩映着农舍和田庄,宁静而祥和。红坡寺仿佛是镶嵌在这个美丽小村中的

五、旅游文化

一颗明珠,红墙碧瓦,经幡林立,显得古朴而庄严。寺院面对澜沧江东面的卡瓦格博之神女峰——缅茨姆峰,寺院后方是茂密的原始森林,森林的上方是终年积雪的圣地卡瓦格博的东大门守护神白马雪山主峰—扎拉雀尼峰,也是红坡村的山神)。

红坡寺最初是一个格鲁派与宁玛派僧侣共同修持的宗教活动场所。明正德九年(公元1514年),丽江知府木增派噶玛教派木瓜高僧迪吉和诺布二人重建该寺,取名为"祖拉批杰林"。清康熙十三年(公元1674年)由巴塘方面接管该寺,寺院的各项事业得到长足发展。清康熙十五年(公元1676年),五世达赖喇嘛管理政教,重新恢复红坡寺,改宗为格鲁派寺院。五世达赖喇嘛赐名红坡寺为"噶丹·羊八景林"。"噶丹"意"兜率天","羊八景"意"广严地或城",指古印度佛教圣地毗舍离城,全意为"兜率天广严地(城)之寺"。

因为德钦林寺、东竹林寺和羊八景林寺曾共属一位堪布管理,俗称此三寺有父母子之关系,红坡寺属母寺。红坡寺现存的一个珍贵的文物,是清咸丰皇帝御笔亲书赐给的一块匾额,书刻"化行南邦"四个大字。公元1906年法国传教士顾德尔、丁德安在德钦、维西、贡山建立教堂直接影响了红坡寺藏传佛教僧人的修行和红坡寺的宁静安详。为此,藏传佛教格鲁派所属的巴塘、德钦、芒康各寺约定时间,开展了反洋教运动,史称"阿墩子教案"。后来清政府派兵镇压参与反洋教的各藏区寺院时,由于红坡寺有咸丰皇帝的亲赐匾额而免遭劫难。

塔巴林寺　藏传佛教格鲁派寺院,位于迪庆州德钦县奔子栏镇书松村境内,是云南唯一的藏传佛教尼姑寺。由三世扎唐活佛阿普喇嘛倡建于清乾隆三十六年(公元1772年)。据说是第三世扎塘活佛为空行母化身的两位女弟子而修建的静修之地。后来随着出家尼姑的逐步增多成为尼姑寺庙。当时为了修建尼姑寺,扎塘活佛特意用内地手工织品—蓝布与当地土目交换土地作为寺庙的地基,修建了书松、叶日两座尼姑寺。传说初建时有两名空行母化身的女子拜扎唐活佛为师,剃度为尼,后来分别担任两座尼姑寺的主持,东竹林寺历代扎塘活佛成为两座尼姑寺的寺主。

五、旅游文化

1986年十世班禅大师视察迪庆路经奔子栏时接见了书松尼姑寺主持,提出了许多宝贵的建议,为该寺的恢复重建奠定了基础。由于东竹林寺的移址重建,旧址尚存一座大殿和一些设施。第七世扎唐活佛建议书松尼姑寺和叶日尼姑寺合并于东竹林寺旧址上,大殿和所有设施归尼姑寺使用,并赐名"塔巴林","塔巴"意为"解脱",也就是"解脱寺"。

塔巴林现有大殿一座,占地约225m^2,大殿面阔五间,进深五间,共有16根大柱,大殿周围建筑为尼舍。大殿正中塑有一层楼高的宗喀巴师徒三尊像,左边塑有白伞盖佛母、大摩里支佛母、弥勒佛、释迦牟尼佛,右边塑有千手千眼观世音菩萨、白度母、绿度母、大威德金刚、六臂依护主护法、阎罗王护法、吉祥天女护法、多闻子护法、狮面空行母。大殿四壁绘有清代壁画,左面墙壁依次绘有持国天王、增长天王、弥勒菩萨净土—兜率天宫、观音菩萨净土—普陀罗迦山、无量光佛的净土—极乐世界、大悲观音菩萨。右边依次是:阿底峡大师、宗喀巴大师、兜率内院(弥勒菩萨常住进经说法之处)、绿度母净土—璁叶庄严刹土、香巴拉净土、广目天王、多闻天王。

这些壁画用矿物质颜料绘就，虽经两百多年沧桑，但仍色彩艳丽，人物形象栩栩如生，具有较高的文物和艺术欣赏价值。1987年12月21日，省人民政府颁布塔巴林寺为省级文物保护单位。

寿国寺 藏语"扎西达吉林"，全意为吉祥兴盛园，是"姜域噶玛噶举十三大寺"之一。位于云南省迪庆藏族自治州维西傈僳族自治县康普乡，是一座历史悠久的藏传佛教寺院。现存寺院占地面积7370.43平方米，总建筑面积2665.04平方米，壁画面积228平方米。光绪年间的《维西县志》曾描写寿国寺"林木清幽，规模宏大，洵禅林胜地也"。寿国寺于清雍正七年（1729）始建，历时5年建成，清乾隆十年（1745）因失火被焚毁，后于乾隆三十五年（1770）迁至现址重建。

清雍正六年（1728年），中央政府首次派流官治理维西，康普纳西族土千总禾娘率三江（独龙江、怒江、澜沧江）属民归附，并于次年在康普的底括村建寺，历时5年完工，取汉名"寿国寺"。清乾隆乙丑年（1745年），寿国寺毁于火灾，清乾隆三十五年（1770年）迁至现址重建，

后经多次扩建,形成现在规模。寺僧以纳西族为主,还有部分藏族和少数傈僳族、汉族僧人。寿国寺虽然是藏传佛教寺院,但是其中还供奉有孔子的牌位,壁画内容也大量地反映了道教和自然崇拜以及汉族、白族等民间世俗的题材。

作为目前我国傈僳族和纳西族聚居区唯一保存完好的藏传佛教寺院,寿国寺集释、道、儒、苯为一寺,融多民族信仰文化和民间世俗文化为一体,是多元文化交流融合的珍贵实物资料。清代维西人李佩珩《寿国寺题笔诗》盛赞当年寿国寺的气象及佛事兴盛的情况:"寿国寺名庆千秋,宝殿巍峨气象幽。僧教牟尼珠串串,经幡久叶语啁啁。鼎光耀日乾坤丽,瓦蓬连云雨露稠。亿万斯年垂永久,沧江雪岭共传流。"全寺由山门、正殿、侧殿组合成一座四合院,占地 2600 平方米。融合了藏、汉、白、纳的建筑特点。寺院大殿造型为汉式佛殿,其中溶进藏式传统技艺,正殿内供奉释迦三世佛、大宝法王、二宝法王和莲花生大师造像。山门照壁及大殿左右壁上绘有工笔重彩画 28 幅,内容有佛陀故事、米拉日巴及白马雪山山神和寿国寺本尊山神。无论从任何一个角度看寿国寺，诸如建筑艺术、绘画技巧及内容等都能领略到多民族文化融合的痕迹，具有很高的艺术价值，虽历经百年，主建筑和壁画仍然保持完好。

寿国寺属十三大寺之首，拥有"镇寺之宝"是毋庸置疑，但几经变革，寺宝文物丧失无可避免，现存文物"皇匾"一块，清光绪乙未年（1885年）西天大宝法王所赐蒙文、藏文、满文、尼泊尔文匾，意为：扎西达吉林，现悬挂于大殿门楣；《松华翠苑》匾一块，清同治六年（1867年），督抚军务云南鹤丽厅总镇维西协都督府廉惠敬题（私人收藏）；黑神面具1个，骨髅面具2个，相传是米觉活佛闭关时制作，后送分寺禹贡寺保存；曲尼活佛座椅、经书、占卜用具、案桌、约瑟夫·洛克博士1923年10月借宿寿国寺使用过的八仙桌、四方凳，洛克博士为寿国寺喇嘛拍摄的照片（翻拍片）现存于寺。现已被列为国家级文物保护单位。

达摩寺　藏语称"丹培林"，意为"教义兴盛园"，亦称"达乃归"。该寺原址建于清康熙二年（1737年），民国22年前后进行过一次大翻修。原址位于现维西县塔城镇启别村阿海洛。据传建寺者是一位纳西族高僧，因其在达摩祖师

五、旅游文化

洞修行有感于达摩祖师与此地的法缘，建一寺庙以供奉达摩祖师，使当地纳西族信众有皈依之所。僧侣多为附近地区的纳西族。后来在第一世督嘎活佛及当地土目的帮助下该寺不断扩大，称为"姜域噶玛噶举十三大寺"之一。1998年第十七世东宝·仲巴活佛筹集一部分资金重新选址兴建寺院，至2008年寺院大殿及僧房基本修建完毕。

达摩祖师洞 位于维西县塔城镇境内的达摩山（当地称阿海洛山）山顶，"达摩"为藏传佛教希解派创始人帕·当巴桑杰的简称，该派以修行般若经文断除生死涅槃为主。相传达摩祖师云游至此，见此山顶有一高约30米，深10米的天然石洞，十分高兴，而后进洞面壁苦修。十年后得道成佛。至今洞中石壁上还印有当年祖师面壁时形成的影像和洞前石板上有一对深深的脚印，相传是当年祖师得道后"顿石成洼"留下的圣迹。寺院依壁叠木，依洞造型，凿石架木而成，形成石洞与僧房互为一体的奇特景观。其大经堂中供奉释迦牟尼、莲花生祖师、格鲁派创始人宗喀巴以及止贡噶举和噶玛噶举两派祖师的造像，并珍藏有达摩祖师的灵塔。公元1094年前后，在住持僧人李功高的主持下，募化资金，大兴土木，历时30年建成了洞旁绝壁上的经堂和僧舍，与山下分列左右的来远寺和达摩寺遥遥相望，成三足鼎立、互为掎角之势，成为远近闻名的佛教圣地。

达摩祖师藏语称当巴桑杰。据《诸宗源流晶镜史》载："当巴桑杰生于南印度咱惹僧格吉扎春贝岭，经七生已，清净罪垢，天性乐善幼通声明等一切明处，从昆扎玛寺住持善天论师出家。"依金洲大师发菩提心，广参善知识受灌顶，持三种律仪。其传授性相与有声明之师有十一，动风父续之师有十一，乐受母续有十一，表传大手印之师有十一，指引明解之师有十，更从得成就男女善知识五十四人，广学一切教授。在其上师之数中者，最远有固陀罗菩提，龙树，亦有晚近之大德，时间前后颇不相合，疑其寿数最长。吾师一切智者云："传当巴为龙树弟子，在汉地史籍中，亦如是云，恐系真实。"当巴曾于六十五年间，遍游各地修行，亲见不可计量十二本尊天等，及三十六稀有空行上师，证得眼药、神足、丸药、地下、药义女、宝剑、空行等成就。其最胜成就为证大见道智，示现胜行于二十四地。成就之名，

五、旅游文化

遍布诸方,故有各种传述之不同。入藏凡五次,于第五次时并游汉地,故名声亦遍于彼方。在藏所成熟之弟子亦不可数,其最有名者为系解前后中三传。初传与迦湿弥罗那古哈耶。此传由翁波译师翻译。中传谓以教授付玛法慧,索穹僧然,罔智幢三人而广弘扬。后传谓至定日垄谷,其及门后彦有当巴洽青、洽穹、班杂卓达、庆喜四人,尤以当巴庆喜为最上首。庆喜五世皆为当巴桑杰摄授,此也即成为彼教授之宝藏。彼传弟子巴曹贡巴、巴曹传甲德勒、若慧狮子、锡波日狮子等弘传本派法嗣甚多,系解之法大显。

上述典籍记载的当巴桑杰(达摩祖师),为何往汉地传法,后又如何转道至维西达摩祖师洞,有一段传说。达摩祖师生在印度,是一位证得圆觉者,其母亲也是一位虔诚佛教徒,终身吃斋。晚年双目失明,但其修行的功德已使足下生起彩云。一日,一个妒忌成性的邻居将虾米当作瓜子,让达摩的母亲食用,造成她伤生的罪过,死后受着地狱之苦。于是,很多人质问达摩,说他虽为一觉者,连母亲都不能解救,是何道理?达摩祖师为寻找母亲亡灵,便遍游汉地传法。当时,他所到之处，地方太平，五谷丰登。因此，汉皇帝便一再挽留他常住汉地，达摩因有拯救亡母灵魂之命，却又无法脱身，只好示寂，他圆寂后，受到皇帝厚葬。然而不久，又有人看见他行于市井。皇帝惊奇，挖开其坟穴，只见棺中只留一只鞋子，达摩已悄然离去。

达摩祖师绕道往南寻找，至大理的鹤庆时，找到了母亲的亡灵。他母亲亡灵化为一只小虫，夹在鹤庆一家铸铧匠的模子中。当人们往模子中注入铁水时，她就被烫死一次，等模子冷下来后，她又复活过来，如此死了又活活了又死，所谓受"地狱之苦"就是如此。达摩祖师便在他家当帮工，整整一年。铸匠师傅说，这一年达摩做了不少苦活，为他挣了不少钱，问达摩要多少报酬，达摩说，只要将那具模子给他就行了。铸匠把模子给了达摩。达摩便拨了一根头发，将模子划开，救出了母亲亡灵变成的虫子，此又谓"地狱救母"。

达摩祖师继而往北行来。达摩祖师到达迪庆州维西县塔城其宗地段，见此地五谷丰登，景色无比优美，阿海洛山虽然非常陡峭峻险，风光却是仙境一般。且有鹦鹉之声脆鸣。于是道：这里

五、旅游文化

才是我终身寻觅的自在之地。故在此布道传法,面壁修行。最后,上身化为火,下身化为水,飞升积乐境界。达摩祖师在此传教,弘扬佛法留下了他面壁修行地"祖师洞"。相传这"祖师洞"即为达摩祖师的一只耳朵,站在洞口高喊"拉当巴桑杰峨拉儿拉尼索!"达摩在天界也能听见。

德钦清真寺 德钦清真寺是迪庆州境内最古老的伊斯兰活动场所。两千多年前,回族的祖先就从遥远的阿拉伯沿着中国南方丝绸之路,进入迪庆高原。唐代,伊斯兰教传入中国。元代,回族先民就已经和藏民长期相处。清代以来,从山西、青海、云南等地到藏区经商、开矿、从军的穆斯林,最早的德钦清真寺在1719年建于铺子农,于清雍正年间被洪水冲毁,后在县城中心街中段续建。自此,曾多次维修。

2014年,德钦回族同胞捐款集资,省州相关部门大力支持,启动了清真寺扩改建项目。2016年全面竣工,清真寺由观月楼、叫拜楼、礼拜大殿、活动室、阿訇居室、客房、沐浴房、商铺等组成。整体建筑体现了回、藏、汉、纳西、白等多民族风格,又具有伊斯兰教特色。

茨中天主教堂　茨中天主教堂位于距德钦县城80千米处的素有"德钦粮仓"之称的茨中村，其前身为茨姑教堂，原址在茨中村南约15千米的茨姑村，建于清同治六年（1876年），在光绪三十一年（1905年）的阿墩子教案（驱洋教运动）中被焚毁。茨中教堂于1909年修建，历时10年，建成后即成为天主教云南铎区主教礼堂，曾先后办过一所学校和一所女修院。教堂房舍保留至今。整个建筑以教堂为中心配套组合，中西合璧，主次得体，包括大门、前院、教堂后院以及地窖、花园、菜园和葡萄园等等，结构随凑，规模壮观。沿大门筑有外围墙，建筑四周的空地，辟花坛，植果木，红绿相映，风雅别致。主体建筑坐西朝东，为砖石结构。其正面为高大的钟楼，其顶端和整个教堂尾部皆竖有十字架标记。钟楼上部为中式亭阁，所有屋面为中式飞檐瓦顶。登上钟楼，茨中景色尽收眼底，还可观览四周群山。教堂风格整体上体现了巴斯利卡式教堂的特征，又兼具罗马式教堂的特色。果园里植有品种名贵的葡萄，名曰华夫人或玫瑰蜜，百余年前引自法国葡萄酒名城波尔布特市。

五、旅游文化

古滇川道 古滇川道是从迪庆境内至四川巴塘、得荣、乡城、木里等地,主要驿道有4条。一是从香格里拉城出发经尼西到奔子栏,再越白马雪山到德钦续后,往北沿澜沧江东岸,经阿东塘入西藏盐井,再往北行到芒康县,东入四川巴塘县,共有12个马站;二是由奔子栏渡江到四川得荣县境,经阿利各,往北到奔都、松麦、罗玉、小巴冲到达巴塘,行程500多千米,需走15天,此道旧称"奔子栏巴塘东路";三是从香格里拉城往北到下格咱,经那格拉、翁水、翁书关,翻越大雪山进入四川乡城县境,再往北到达理塘,向东可达甘孜康定,全程700多千米,需行12天;四是从香格里拉城往东经九龙顺洛吉河到木胜土,向东到达四川木里县,再往东可达四川西昌,全程1000多千米。

古滇藏道 迪庆州境内的古滇藏道有两条,一条是从丽江阿喜渡江到香格里拉县的木笔湾村,经拉咱古、桥头、十二栏杆、拖木南进香格里拉城,再过尼西向北行渡金沙江到奔子栏至德钦,又渡溜筒江翻越梅里雪山到西藏拉萨,全长4000千米,行程90多天,惊险万状。另一条是从丽江石鼓逆金沙江而上到丽江鲁甸,翻越栗地坪雪山垭口到维西城,再逆澜沧江而上至岩瓦后分两路:一路渡澜沧江翻碧罗雪山至怒江地区后可进入缅甸,共有20余个马站;另一路继续从岩瓦逆澜沧江而上,在德钦燕门谷扎渡江翻越梅里雪山到西藏拉萨,全长2000千米。

迪庆昆明道 茶马古道不仅是中国古代滇、藏、川"大三角"地带经济生活的保障,更是文化的纽带,在茶马互市中不仅各类物资得以交流,各国各地的文化也得以在古道上汇聚,致使印度及中华文明对迪庆藏地的文化产生了潜移默化的影响,也使藏文化有机会传播到各地。迪庆昆明道,便是茶马古道的一部分,清末民初时号称"省道",是迪庆向东出入内地的第一大道。由香格里拉县境内的木笔湾村渡金沙江至阿喜,过九河关、剑川州、三营、沙坪到大理府,再往东经赵州、小云南、普棚驿、沙桥驿、吕合驿到楚雄府,经广通、禄丰、安宁州、碧鸡关到达昆明。全程850多千米,24站,需行20多天。

尼汝 位于三江并流区的腹地,迪庆藏族自治州境内的红山景区。这是一个几乎与世隔绝的

五、旅游文化

神秘之境，一个有着近千平方公里的原始森林、急涧险滩、草甸华泉的地方，还有一些深藏在密林里，与原始森林和谐相处的藏族山村……

尼汝具体位置在云南有香格里拉秘境之称的中甸县境内东北方洛吉乡尼汝村，距县城75公里，海拔2705米，四面环山，年平均气温20℃，将雨量5800毫米，雨季多在6-10月份。尼汝四周清山郁郁，原始森林遮天蔽日。因海拔较低，植物生长茂盛。生长有成片的白桦林，秋天一片金黄。山中云杉、冷杉高大精壮，直指云霄，树冠浓绿繁密，可遮风避雨。林中栖息着麝、熊、藏马鸡、猴狲等多种珍禽异兽。由于尼汝在世所公认的香格里拉秘境里，所以被人称作秘境中的秘境，是个"让人愿意醉死在那里"的地方。

从海拔2500米到3800米的一路峰回路转中，可以经历从温暖到寒冷的交替。穿行在遮天蔽日的冷杉密林、落叶松林、栎树林，厚厚的地衣和苔藓覆盖的林间，会常常被急涧分割、草甸华泉从山间从容流淌。在七彩瀑布，原生态的苔原上飞坠的水流，仿佛身临仙境，溪流淙淙，流走的是泛着白沫的内心的浮躁，剩下的是在自然里的全部愉悦和身处其中的福气。

香巴拉时轮坛城文博中心。香巴拉时轮坛城文博中心（以下简称文博中心）于2005年开始建设，占地面积22亩，总建筑面积25131m²，2015年7月基本建成并对外开放。

文博中心主体工程文博大楼高十一层，采用传统藏式建筑风格建造。文博大楼一、二楼为民族商品、珠宝展示贸易区，三至十一楼层为藏文化博物馆科研及展馆区，共设28个展厅，是集商贸、文物展示、旅游休闲、教育、科研交流为一体的多功能服务中心。博物馆展厅布局为：三至六楼文物展厅及佛像展馆，采用中空设计，中庭位置供奉20米高时轮金刚佛像，文物展厅设于佛像四周的三至六楼。三楼设四大天王殿、雪域印象、藏地瑰宝、多彩香巴拉、英雄部落、香格里拉六个展厅；四楼设香巴拉净土、西藏创世纪、藏医药唐卡、天文历算、大师的足迹、藏族歌舞戏曲六个展厅；五楼设宁玛派经堂、新旧噶当派经堂、萨迦派经堂、玛尔巴噶举派经堂、香巴噶举派经堂、希解派经堂、觉囊派经堂、念竹派经堂八个展厅；六楼设释迦牟尼佛及其眷十八罗汉殿、密宗四业

五、旅游文化

财神殿、藏传佛教八大道统护法殿、祖孙三法王、藏区原始本教殿、佛教文物及法器、唐卡七个展厅；七楼为贵宾接待中心，八、九楼为时轮金刚立体坛城展馆；十楼为藏经阁；十一楼宝箱阁。

集香客涌经朝拜、文物研究保护、精品陈列展览、文化宣传教育等功能为一体的文博中心，重点陈列着时轮坛城、时轮金刚、唐卡、藏医药《四部医典》、法器、藏族古兵器、服饰以及众多的佛、护法神的塑、画像等。其中，时轮坛城于2015年3月12日通过吉尼斯认证，被评为世界室内最大的坛城，并于5月28日由十一世班禅大师赐名"香巴拉时轮坛城"；2015年6月21日展出了1699幅唐卡，获吉尼斯世界单次展出最多纪录；时轮金刚和藏医药《四部医典》曼唐则被列入中国大世界古尼斯纪录。

香巴拉时轮坛城文博中心供奉的时轮金刚大佛美轮美奂、雄伟高大，是整个藏区室内最大的一尊双身佛像，佛像高21米，重20吨。佛像的脸部镀金、其余地方全部采用贴金工艺打造而成。底座装藏经书、金银珠宝、药材、圣物、绸缎、生活用品等物品，非常完整、十分殊胜、极具消灾之功德，再有十一世班禅大师的加持，使整座金刚佛具有无量功德。

香巴拉时轮坛城文化博览中心是了解和感受藏文化的重要平台，还是帮助世人了解藏区，认识藏区的重要窗口。

六、史迹概说

（一）魅力古城

1. 独克宗古城

唐仪凤、调露年间（公元 676 ~ 679 年），占领迪庆地区的吐蕃军，在今大龟山上垒石筑寨堡，取名"独克宗"，藏语意为"月光城"，即历史上著名的"铁桥东城"，此为独克宗古城建城之肇始。

据地方史专家考证，独克宗古城在唐、宋称"月光寨堡"，元代称"结达木城"，明永乐四年（1406 年）设镇道安抚司。明弘治六年（1493 年）至十二年（1499 年），丽江纳西族木氏土司两次占领中甸，并委派木瓜（木土司委派的地方军政长官）、呗色（比木瓜小一级的官员）驻守中甸古城统管中甸藏区，在今古城环绕大龟山垒石为城，称"香各瓦寨"。

清康熙年间，独克宗古城毁于战乱。雍正二年中甸划归云南行省，遂设中甸厅，古城为厅府所在地。1759年，同知（官名相当于副州长）海米纳组织人员重修古城。1863年，回民起义，攻陷并焚毁古城。民国元年中甸改为县，县府乃设在古城。1921年（民国十年），屡遭匪劫，古城几乎被夷为平地。1921年7月，云南省公署给抚恤金四千银圆，县知事虞钺以工代赈，调集灾民，力结共筑土城。城以大龟山为中心，民房围绕大龟山而建，以石块铺筑街巷道路，名为"本寨村"，即现在"独克宗"古城之雏形。

1950年中甸和平解放，古城成为人民政府所在地。1957年中甸全县建立基层政权，设立县辖镇，独克宗更名为"中心镇"。1996年中心镇与大中甸乡合并成立建塘镇，古城遂恢复原名"独克宗"。

独克宗古城从建城至今，几废几兴，其建置、区划和名称数次变更，但其作为云南藏区政治、经济、文化中心的地位始终未变。千百年来，这里既有过兵戎相争的硝烟，更有过各民族频繁交好的欢笑，还有过茶马互市的喧哗……历史上，这里是西南与西北地区民族交往的重要通道,是滇、川、藏"大三角"的纽带、雪域藏乡与滇域各民族文化交流的窗口、汉藏友好的桥梁。享有"云南省历史文化名城"。"中国魅力民族风情名镇"和"云南省茶马古道重镇"之称。

2. 阿墩子古城

阿墩子古城位于德钦县升平镇,唐时称聿赍城,明时称阿得酋,清末叫阿墩子。阿墩子古城是茶马古道阿墩子段上的文化名镇,是千百年来藏民们朝拜卡瓦格博圣地的重要起始和终点站,也是茶马古道滇藏线上的重要物资集散地和文化交流地,有"雪山市场"盛誉。

自唐以来,随着藏汉文化、政治、经济的密切交流,阿墩子古城不断成长成熟,最终形成了独具特色的多民族多宗教的多元文化古城。宋元时期,藏传佛教高僧噶玛巴希,在禅定中发现卡瓦格博神山为莲花生大师所预言的胜乐金刚圣地之后,开启藏传佛教朝拜卡瓦格博的先河。从此,世代信奉佛教的藏族善男信女们,带来藏区各地的宗教、歌舞、艺术文化相聚阿墩子。阿墩子一度成为卡瓦格博地区文化交流中心。

抗日战争期间，阿墩子古镇商贾云集，是滇西北商业重镇之一。当时，国际路线被封锁，这里作为转运终点站，成为保持中印贸易和运输战备物资的桥梁。据载，最为活跃的商号有中甸的"长兴昌"，丽江、鹤庆的"达记""茂恒""永昌祥""福兴昌"和"福春恒"等三十多家商号。由于各大商号云集，四川光绪年间的川币，云南省造的半开铜板，还有西藏的松青、松处和白章等都能在阿墩子市场上流通，而在其他地方，这些货币是无法流通的。后来大家为方便交易，用一种有名无实的"墩市洋"货币作为流通媒介。此货币只在阿墩子市场上流通，可见阿墩子古城市场繁华之度。

阿墩子古城至今保存着众多的历史文化遗存：清真寺、余家马店、鹤丽会馆遗址、县衙遗址、古墓群、德钦林寺、海正涛烈士故居、古炮台、扎达茸摩崖石刻等。目前，古城仍保留着古老的街道布局，古供水系统和藏、汉、纳、白结合的民居建筑。古城内原著居民保留着藏族原始的弦子、锅庄歌舞艺术，又友好地接纳了回族、纳西族、白族、汉族的多种宗教和文化艺术。总之，古城虽然历经沧桑,但旧貌依然未改,其散发出的历史陈香味与独特的卡瓦格博神山文化韵味交相辉映,成为德钦一道内涵丰富的迷人风景线。

3. 叶枝古镇

叶枝古镇地处迪庆州西南部,是金沙江、澜沧江、怒江"三江并流"自然景观的核心腹地。

据考证,叶枝镇在唐代称聿赍城,为吐蕃神川都督府辖下的铁桥16城之一。《新唐书·南蛮转》记载:"贞元十年,南诏异牟大军北上,攻破吐蕃铁桥节度诚,斩断神川铁桥……吐蕃恐惧,乃将大军屯戍于纳川、故洪、诺济、聿赍等五城,伺机进攻嵩州";《蛮书》中提及"兰沧江原处吐蕃中大雪山下莎川,东南过聿赍城西,谓之濑水河,又过顺蛮部落,南流过剑川大山之西"。

明代，丽江木氏土知府以武力驱赶吐蕃，攻占维西全境，设置大小土弁统管军民，其中有名的"你那大管军"禾氏就在此设置土司衙门，故而当时叶枝成为维西乃至怒江、独龙江等区域的政治军事中心。清雍正五年叶枝是维西县属的五城之一，民国初设叶枝区，后与康普合并称康叶区，解放初改名第四区，1988年设为叶枝乡。

自古以来，叶枝镇就是滇藏"茶马古道"上的主要物资集散地和"三江并流"区腹地。叶枝境内存在过王氏、李氏、祁氏、禾氏等几个显赫一时的封建家族，现今仍有众多的古代民居、街道还保存着旧时的容颜。其中，王氏家族最为有名，王氏属纳西族其祖先为木府所委"木瓜"即纳西军事首领。王氏受禾氏大管军节制，并与禾氏家庭有婚姻关系，后被清廷封为"北路土司"。

叶枝古镇主要历史遗迹有叶枝土司衙署、古城墙、雕楼、祭天台、传统一楼一底商铺建筑以及传统的傈僳族民居建筑等；以此为载体，这里保存着民族文化之林中独树一帜的宝贵—传统傈僳族文化。足以证明，叶枝古镇的悠久的历史和丰富的人文资源。先后被云南省政府命名为"省级历史文化名镇"、"省级阿尺木刮歌舞艺术之乡",被迪庆州政府命名为"香格里拉傈僳族特色文化之乡"。

(二)文物古迹

1. 古建筑

(1)中心镇公堂

中心镇公堂,位于香格里拉市独克宗古城大龟山东麓。藏语称"独克瑞巴夏康",意为"石寨藏经堂",公堂始建于清康熙二十一年(公元1682年),咸丰三年(公元1853年)重修,同治八年(公元1869年)兵燹被毁,现存建筑为光绪八年(公元1882年)邑人捐资重建,是目前我国藏区唯一保存的清代公堂式建筑。

历史上,中心镇公堂是古城藏民祭祀祖先、集会议事和族内办理婚丧事等活动的场所,同时,也是族人躲避兵匪侵扰之处。

公堂整体建筑由大殿、东西两栋厢房（现已开辟为迪庆红军长征博物馆）、大门、围墙等组成。大殿坐北朝南，三重檐歇山顶，檐下斗拱密布，屋面覆盖汉式青瓦，屋顶宝鼎耀日，山花墙用六角青砖贴面，二层檐角系有4个风铃。大殿外围四周环以回廊，且有栏杆围护，其外形为典型的汉式楼阁建筑风格。大殿的内部结构呈正方形，其长宽均为14米，有40棵藏式金刚杵柱纵横成行密集排列，其中的两棵中柱直通楼顶，高达16米。殿内塑有宗喀巴、千手千眼观音、护法神各一尊，左右两侧为藏经橱。大殿正堂四壁和二楼内壁绘有近200平方米的藏传佛教壁画，二楼有环廊，四周有10扇圆窗。外东、南、西3个方向还有3道格扇门，以供俯视佛堂活动和观赏内壁的壁画。

公堂受汉族、藏族、白族等民族建筑风格的影响，展现出多民族文化交流融合的历史面貌。它既打破了藏族建筑厚重、封闭、费料的局限，又弥补了汉式建筑造型单调、保温性差、不易防守的不足，表现出一种庄重而又不失华丽，稳实而又轻灵飘逸的建筑特色，是一座汉藏建筑艺术风格完美结合的代表性建筑。

1936年5月初，贺龙、任弼时、萧克、关向应等同志率中国工农红军二、六军团长征经过中甸，设指挥部于此，在此召开著名的"中甸会议"。1996年被国务院公布为全国重点文物保护单位。

（2）寿国寺

寿国寺，藏语称"扎史达吉林"，位于维西傈僳族自治县康普乡格丁洛巴村，藏传佛教噶举派寺院。

该寺始建于雍正七年（1729年），清乾隆乙丑年（1745年）被毁，清乾隆三十五年（1770年）迁至现址重建。后经多次扩建，形成现在规模。清光绪年间，十五世噶玛巴喀恰多杰赐寿国寺藏名"扎史达吉林"，与维西兰经寺、丽江文峰寺等同属"降十三林"(纳西族地区的十三大喇嘛寺)。

寿国寺建筑群由大殿、东西厢房、门楼、黑神殿、斋戒堂、活佛净室等组成。大殿坐北向南,为三重檐攒尖顶土木结构建筑。其外观为汉式阁楼样式,内部为36棵藏式柱子网状排列其中。大殿一层是诵经堂,佛台上塑有释迦牟尼佛、莲花生大师、大宝法王和二宝法王等金身。东、西、北三壁绘有梅里雪山山神、释迦牟尼、文殊菩萨、十八罗汉、大黑天神等藏传佛教壁画。二楼东、西、北三壁绘有八仙过海、麻姑献寿等道教题材壁画,同时还题写有"克己服礼"等儒家语录。梁架和楼板上绘有八吉祥、如意、卷草、龟背等图案。顶部正中藻井绘有藏传佛教坛城图;三楼为藏经阁,瓦檐下有4层斗拱排列;外檐四角分别有四根用榧木镂空雕的盘龙柱支撑。

六、史迹概说

黑神殿位于大殿右侧，坐北向南，为汉式土木结构一层三开间建筑。殿内供奉有大黑天神、释迦牟尼和莲花生像，山墙和殿壁上绘有天王、乐神、山神、花鸟、山水等壁画。

活佛净室现存正房和北厢房，里面保存有精美的壁画和彩绘。

寿国寺建筑群保存完整、工艺精湛，是我国傈僳族和纳西族聚居地区唯一保存完好的藏传佛教寺院。寺内壁画内容融释、道、儒、苯为一体，是汉、藏、纳西、白等民族建筑艺术完美结合的典型范例，为多元文化交流融合的难得实物证明，是研究清代滇西北地区社会历史和特殊政教关系的珍贵实物资料，具有较高的历史、科学价值和独特的艺术价值。2006年被国务院公布为全国重点文物保护单位。

（3）归化寺

归化寺，藏名"噶丹·松赞林"，由"扎仓"和"吉康"两大主殿、八大"康参"以及300多栋僧舍组成。整体建筑仿布达拉宫布局依山而建，为土木结构碉楼式建筑风格。寺内珍贵文物众多，有建寺以来历代皇帝、朝廷要员的旨谕和布施的宫缎、镀金佛像、五彩金汁唐卡等。其建筑彩绘技艺精湛,堪称藏族宗教文化博物馆,为云南省最大的藏传佛教格鲁派寺院。

该寺由五世达赖喇嘛奏请清政府敕准,于康熙十八年(1679年)破土建寺,历时三年竣工,五世达赖赐藏名"噶丹·松赞林寺"。"噶丹"表示传承了黄教祖师宗喀巴首建的黄教母寺噶丹寺,"松赞林寺"意为"天界三神游憩之地"。雍正二年(1724年),中甸县划归云南行省,清朝雍正皇帝赐汉名"归化寺"。历史上松赞林寺曾多次扩建修缮,清朝乾隆年间松赞林寺进入了极盛时期,成为滇西北乃至康藏地区最雄伟、壮观的十三大寺之一。

1936年5月,红军二、六军团长征经过迪庆,受到寺僧的慷慨援助,贺龙元帅书赠"兴盛番族"

六、史迹概说

锦幛，成为红军模范执行党的民族和宗教政策的典范。1986年秋，十世班禅大师两次莅临松赞林寺视察。1993年被云南省人民政府公布为省级文物保护单位。

（4）东竹林（塔巴林）寺

东竹林（塔巴林）位于德钦县奔子栏乡书松行政村旁。始建于清康熙六年（公元1667年），原名称"冲冲措卡林"，意为"仙鹤湖畔之寺"，为藏传佛教噶举派寺院。1674年，冲冲措卡林参加以中甸嘉夏寺为首的噶举派僧人反抗蒙番联军扶持格鲁派而挑起的战乱，战败后与附近的抗萨、支用、书松等10个噶举派寺庙合并改宗为格鲁派，更名"噶丹·东竹林"，意为成就"二利"（利人利己）之寺。从此，不断扩大其规模，成为康区十三林之一。

"文革"期间遭到严重破坏，仅留下一幢大殿，里面有100余平米的清代壁画。壁画内容左面墙壁依次是：持国天王、增长天王、弥勒菩萨净土—兜率天宫、观音菩萨净土—普陀罗迦山、无量光佛净土—极乐世界、大悲观音菩萨；右边依次是：阿底峡大师、宗喀巴大师、兜率内院（弥勒菩萨常驻讲经说法之处)、绿度母净土—璁叶庄严刹土、香巴拉净土、广目天王、多闻天王。

20世纪80年代早期,东竹林寺整体搬迁,塔巴林寺则从原址"吉姆日吹"迁至东竹林寺旧址。

东竹林(塔巴林)寺是迪庆境内少有的清代藏传佛教寺院建筑之一,大殿内清代藏传佛教壁画内容丰富,技法高超,颜料考究。虽经两百多年沧桑,但仍色彩艳丽,人物形象栩栩如生,有较高的艺术研究价值。1987年被云南省人民政府公布为省级文物保护单位。

(5)飞来寺

飞来寺藏名(那卡扎西),位于德钦县升平镇归巴顶村。相传曾有一尊释迦牟尼佛像从藏地飞来此地,清初,藏传佛教噶举派十三世东宝活佛那卡降乘择此地建寺供奉飞来的佛像,取寺名

六、史迹概说

为飞来寺。飞来寺在其后的一百多年间数经兴废,清末成为当地信教群众的宗教活动场所和僧俗朝觐太子雪山必须朝拜的一处圣地。

飞来寺由佛殿、转经堂、烧香台等设施组成,佛殿内供奉有太子雪山神、莲花生大师及释迦牟尼佛等造像。东、南、北三面50多平方米的内壁上绘有清代壁画,保存完好。内容为藏传佛教格鲁派创始人宗喀巴大师、佛祖释迦牟尼、十一面观音、胜乐金刚、佛教护法诸神以及飞来寺的建寺者仲巴那卡降乘画像等。其间既有藏传佛教格鲁派的题材,又有噶举派和宁玛派的内容,同时还有原始宗教和自然崇拜之间的和谐包容内容。壁画表现形式有佛教故事、神话传说、生活场景、林木花草以及当时德钦地区民间社会生活;技法

除用传统的藏族绘画外,还借鉴了一些汉族的技法,其构图疏密得当、线条流畅生动、色彩艳丽明快;颜料使用珊瑚、珍珠、金银等矿物、植物材料,具有较高的艺术和观赏价值。2003年被云南省人民政府公布为省级文物保护单位。

(6)奔子栏佛塔殿壁画

奔子栏佛塔殿壁画位于德钦县奔子栏镇。分别建于清康熙末年和光绪年间,由"曲登拥曲登"(藏语意为"佛塔箐佛塔")壁画、"娘轰曲登"(藏语意为娘轰村佛塔)壁画、"习木贡洞科"(藏语意为习木贡村转经堂)壁画三部分组成。共绘有藏传佛教壁画227平方米。

曲登拥曲登壁画面积110平方米,主要内容为释迦牟尼、四大天王、十六罗汉、长寿佛、普贤菩萨、文殊菩萨、日尼巴吾多杰山神、布雍夏姆山神、供养图等。娘轰曲登壁画面积53.6平方米,主要内容为释伽牟尼、黄财神、18罗汉、长寿佛、白度母、五姓财神、日尼巴吾多杰山神、布雍夏姆山神、八吉祥图、八瑞物图、五妙玉图等。习木贡洞科壁画面积63.4平方米,主要内容为释迦牟尼、长寿佛、千手千眼观音、强巴佛坛城、

六、史迹概说

日尼巴吾多杰山神、布雍夏姆山神、供养图等。

奔子栏佛塔殿壁画是目前我省保存最完好的清代藏族宗教壁画之一，题材以藏传佛教格鲁派为主，融合宁玛、噶举、自然崇拜和汉族敬神等内容；表现形式融入大量的世俗生活场景，特别是在供养图和山神图描绘了清代奔子栏地区的民间社会生活。壁画内容包括佛教故事、神话传说、历史典故、生活场景、林木花卉、装饰图案等。颜料使用绿松石、珊瑚、珍珠粉、纯金粉等矿物和植物颜料。壁画为当地艺人所绘，用料考究，技艺精湛，具有较高的艺术价值和观赏价值；成为研究清代滇西北藏区社会历史、民族关系、文化交流和各种宗教传播的珍贵实物资料。2003 年被云南省人民政府公布为省级文物保护单位。

（7）叶枝土司衙署

叶枝土司衙署位于维西县叶枝镇，为历代纳西族世袭土司王氏官邸。始建于清康熙年间，历经不断扩建，至清光绪年间形成规模。原土司衙署建筑群占地 50 余亩，坐东向西，分南北两套二进大院。现中心四合院、大门、门楼及两侧碉楼仍保存完整。其建筑融合了汉、藏、纳西、白等民族的建筑风格，具有较高的建筑艺术价值。1998年被云南省人民政府公布为省级文物保护单位。

历史上叶枝土司集政教大权于一体，以其强大实力和威慑一方的气势称雄滇西北诸路土司。辖民中有纳西、傈僳、藏、怒、独龙等多种民族，统辖范围包括现在的迪庆州、怒江州所辖的澜沧江、怒江、独龙江流域，远及西藏、高黎贡山、印度及缅甸密支那一带。清初，虽然在藏区实行土流并存制，但王氏仍实行土司统治，从而成为滇西北政治制度中的特殊现象。叶枝土司衙署是这种特殊政治制度珍贵的实物证明。

王氏土司属纳西族，其祖先为丽江木土府所委"木瓜"，即纳西军事首领。1938年，王氏土司第九代传人王嘉禄正式承袭世职，并被国民政府先后委任为"江防大队""边防副司令"，"三江司令"等职,因功绩显赫,云南省长龙云曾赠以"保障功高"匾额一块。值得一提的是,在1938年国危民难之际,王氏土司成立抗日御侮队伍,到中缅边界防御,并铸造一批铸有"北路土司界"铁质界碑,派人运往独龙江一带的管辖边界埋设,后来成为中、印,中、缅勘界时的唯一依据,为祖国领土的完整做出了贡献。叶枝土司衙署见证了这段历史。

(8) 金龙街古建筑群

金龙街古建筑群位于香格里拉市独克宗古城金龙社区。主要由陈营官府、陈营官祖宅、念氏老宅、黄氏老宅、碧纳老宅、杨氏商铺、益姆老宅等组成。其中,念氏老宅为金龙街一高僧(格西)的故居。碧纳老宅为诺苏家族老宅,整体建筑规模宏大,格局完整,其布局为客堂、垛仓、经堂、客房兼备，也是汉藏建筑工艺结合的典型，解放初中国人民解放军十四军42师进驻中甸县城，为师长廖运周驻地。

金龙街建筑群主要修建于清中期至民国时期，为土木结构藏族碉楼式板屋建筑和藏汉结合蛮楼铺子式建筑，这些古建筑群曾在历史上承担过官员府邸、民居、马店、驿站、名人故居、商铺和作坊等功能。建筑年代久远，格局完整，较完好的保存了独克宗古城传统建筑的风貌，具有重要的历史和文化价值。2012年被迪庆州人民政府公布为州级文物保护单位。

（9）娘阿帕达老宅

六、史迹概说

娘阿帕达老宅位于香格里拉市东旺乡新联村满布江仲村民小组。始建于清康熙年间,为松赞林寺建寺初期堪布的府邸。建筑具有军事防御功能的特点,其收分墙体和柱网结构体现藏族建筑坚固稳定的特点,提高了建筑物的安全性和抵御自然灾害的能力。整幢房屋的建筑、绘画、雕刻呈"三位一体"的有机结合,大气且美观。1964年,东旺新联开始学"大寨精神",娘阿帕达老宅成为省内外各级领导和部门来新联观摩学习的主要接待站。

娘阿帕达老宅历经300多年,保存完好,是迪庆燥热河谷地区藏族传统碉楼式民居建筑的典型范例。其经堂制作技艺精湛、用料考究,具有较高的历史和艺术价值。2012年被迪庆州人民政府公布为州级文物保护单位。

(10)巴卡(取宾)活佛私邸

巴卡(取宾)活佛私邸位于香格里拉市五境乡泽通村委会着龙角和巴卡村民小组。"巴卡"为地名,"取宾"是一世巴卡活佛土登品楚的法号。私邸坐西向东,由主楼、三栋侧楼、大门以及取宾活佛静室等组成,为藏式土木结构板屋面四合院建筑。主楼建筑为土木结构藏式闪片房,一层为蓄圈,二层为大小两间经堂、厨房和静室等,三层为住房。侧楼建筑为藏式碉楼建筑,均为静室。

巴卡(取宾)活佛私邸始建于清代,为十世达赖喇嘛的取宾堪布(掌管祭祀供品的僧官)即一世巴卡(取宾)活佛的府邸。取宾活佛静室则是二、三、四世巴卡(取宾)活佛的禅修地。私邸整个建筑布局巧妙,壁画和彩绘技艺精湛,主楼屋檐绘画具有汉族与白族庙堂上常用的绘画艺术风格,藏经堂内壁画有护法神四大金刚和藏传佛教菩萨壁画图案,其风格独特,画工精细,内容丰富,具有较高的历史和艺术价值。2012年被迪庆州人民政府公布为州级文物保护单位。

(11)雪达古木林

雪达古木林位于德钦县佛山乡江坡村说达村民小组,由一座寺庙建筑、一座神山和一个神湖组成。

六、史迹概说

雪达古木林是藏语,意为可以看到卡瓦格博脸的十万真身圣地。古木林寺坐落在说达村中的一块小平台上。其左边有一座矗立的岩石山峰即"帕姆乃"圣地;右上方有一圆形神湖,卡瓦格博雪峰倒映湖中。据记载,迪庆地区的萨迦派寺庙大多建于元代,当时八思巴被元朝皇帝封为帝师,并拥有整个藏区的管辖权,萨迦派盛极一时,萨迦派庙宇遍布全藏区,这座古木林寺初步推测为此时所修。到了明代噶玛噶举的势力取代了萨迦派,并延伸到康区南部。噶玛巴希大师在禅定中发现了卡瓦格博圣地后,将卡瓦格博开辟成噶举派的修行和朝觐圣地,古木林寺也渐渐有了噶举派的教法。如今,雪达古木林已成为一所集藏传佛教噶举派、萨迦派、格鲁派、宁玛派于一寺的特殊寺庙,以萨迦和格鲁派传承为主,没有职业僧人,每年例行的法会和佛事活动都由俗家居士主持和举办。庙内供奉有萨迦、格鲁、宁玛、噶举派祖师或护法神。寺庙基本结构完整,寺内保留有部分清代绘制的壁画。

帕姆乃神山是寺庙左边的一座山崖,佛教信徒常绕山朝拜,神山四周的朝圣路上有 100 多处年代久远、刻工精湛的摩崖石刻，内容多为六字真言，具有较高的历史、艺术、观赏价值。

雪达古木林是迪庆境内多种宗教和谐、多种信仰共存的见证。其遗迹和遗物历史悠久，保存完好，具有较高的历史和艺术价值。2012年被迪庆州人民政府公布为州级文物保护单位。

（12）扎塘活佛静室

扎塘活佛静室又称水边寺，位于德钦县奔子栏镇奔子栏村214线旁。清嘉庆年间由藏传佛教格鲁派四世扎塘活佛所建，为东竹林寺扎塘活佛的静室。经其后历世扎塘活佛的不断扩建，形成一座土木结构三层四合院藏式碉楼建筑，墙体用粘土夯筑，向上明显收分；内部的木构架制作粗放，纵横排列的柱网上搭放梁架，屋顶覆盖木板瓦，檐、梁柱头等雕饰大量采用汉族和白族风格，精工制作。

该建筑二楼和三楼的墙壁上绘有多幅壁画,这些壁画的题材除佛、菩萨、护法神等外,还有扎塘活佛观看歌舞的世俗生活场面、山水花鸟等清代民俗壁画。其中反映清代民俗活动场景的壁画具有重要的研究和观赏价值。这些壁画是研究云南藏区社会、历史和民族关系的珍贵实物资料,也是云南藏族与其他多民族文化和谐交融的实例。2012年被迪庆州人民政府公布为州级文物保护单位。

(13) 羊拉佛堂壁画

羊拉佛堂壁画位于德钦县羊拉乡羊拉村,它包括玖农拉康和巴孜拉康。玖农拉康位于羊拉村玖农村民小组,依山而建,坐西朝东,为两层藏式建筑,有藏传佛教内容壁画54.28平方米;巴孜拉康位于巴孜村民小组西北面,一层藏式建筑,坐西朝东,东、南、北三面墙上保存有旧壁画32平方米。

羊拉佛堂壁画线条流畅、设色明亮、造型大方,有极高的艺术价值。根据其壁画内容,设色、造型特点,推断该壁画绘制于清早期,羊拉佛堂壁画是研究迪庆佛教历史的重要遗迹。2012年被迪庆州人民政府公布为州级文物保护单位。

2. 古遗址

(1) 云南茶马古道(迪庆段)

茶马古道阿敦子段位于德钦县升平镇至阿东村之间,古道长约15公里,大部分为人工铺设和开凿。沿途分布有嘛呢石刻108堆、8处摩崖石刻,5座经幡塔、崇拜树和崇拜石等圣迹。其中在340平方米的摩崖上刻有佛、菩萨、护法、高僧、山

六、史迹概说

神等 23 尊造像，经初步鉴定为元代的作品。

茶马古道阿墩子段不仅是商贾、马帮的必经之地，也是当地群众生产、生活和朝圣的重要道路。它还是朝觐卡瓦格博神山圣地的朝圣之道。这段古道是迪庆州境内保存最完整、文化内涵最丰富的一段茶马古道之一，是研究云南马帮文化珍贵的实物资料，有较高的历史价值、艺术价值和观赏价值。

茶马古道梅里段位于德钦县与西藏自治区交界的梅里雪山东北侧，澜沧江西岸，距德钦县城 65 公里。这段古道全长 30 公里，南起溜筒江渡口，经扎那古道和梅里水驿站，西北至梅里雪山北侧的说拉丫口，是茶马古道由滇入藏的最后一站。这条古道是公元七世纪吐蕃南下时的用兵道，其后随着滇藏茶马贸易的兴起，逐渐形成茶马古道，明清时期这条古道的使用达到鼎盛时期，至今这段古道还在滇藏两地的民间交往中发挥作用。

茶马古道梅里段这段古道虽经上千年，但古渡口、古驿站、古驿道和古藏文石刻仍完整地保存了下来。茶马古道梅里段作为一条文化走廊积淀了丰富多样的民族文化资源，是目前茶马古道中保存最完整、文化内涵最丰富的一段古道之一，是研究西藏和祖国内地关系、西南和西北各民族之间的关系以及我国古代交通史的珍贵实物资料。

二十四道拐古道位于香格里拉市虎跳峡镇长胜村委会和三坝乡江边村委会之间，贯穿著名的虎跳峡景区。起点为三坝乡本习村，终点为虎跳峡镇诺余村，古道全长38公里，沿途有险道24道拐和明代丽江木氏土司木高的摩崖题诗石刻。这段古道是宁蒗、木里、丽江等通往茶马古道重镇中甸县城的重要通道，为中华人民共和国成立

六、史迹概说

前由四川木里、云南宁蒗、丽江等地入藏最主要的一段通道。

二十四道拐古道为祖国的统一和边疆的稳定发挥了重要的作用,也为我国西南和西北各民族之间的交往和联系提供了条件,是研究云南马帮文化珍贵的实物资料。

十二栏杆古道位于香格里拉市虎跳峡镇红旗村,起点宝山花椒坡村,终点红旗一家人村,现存古道全长2公里,铺木凿石为路,古道旁的摩崖上刻有清乾隆十三年汉文诗石刻2通(其中1通字迹已经模糊),宽90厘米,高60厘米,内容为咏景的七言诗,还有1通为宽1米,高

1.2米的造像石刻。十二栏杆古道修建于雍正三年（1725年），是来自福建、陕西、江西和云南大理、剑川、丽江、鹤庆等地，在中甸从事工商业者约80余人捐款修建，当时称一家人路（即十二栏杆驿道）。古道在历史上为内地入藏的重要关隘，现存近三公里古驿道和三通摩崖石刻造像。十二栏杆古道是茶马古道东线内地入藏保存最完整的一段古驿道，是滇藏茶马贸易难得的实物证明。

茶马古道吉岔段位于维西傈僳族自治县白济汛乡吉岔村至怒江州贡山县利沙底乡利沙底村之间，长约38公里。古道全为人工铺设和开凿。两县交界白济汛乡地段内有一通石碑记录了古道开凿的历史。石碑宽78厘米，高1.7米，厚60厘米，碑上镌刻着"新路落成纪念、民国三十二年"等字。说明此段古道早已存在，民国时期曾加以补修。此段古道是我国滇藏古代民族经济文化交往的古迹遗留，是研究滇藏马帮文化和经济文化交往历史的重要实物资料。

茶马古道岩瓦段位于维西傈僳族自治县白济汛乡施底行政村岩瓦社至怒江州贡山县普拉迪乡腊咱村之间，长约 35 千米。此段古道为"阿墩子弹压委员兼办理怒江事宜"夏瑚在光绪三十三年（1907 年）、三十四年（1908 年）奉命率随从巡视怒江和俅江（今独龙江）地区，写成《怒俅边隘详情》一书，提出了经营怒江、独龙江地区的十条建议，此道为建议中打通"四路"中的北路（从贡山出发经察隅通西藏）的重要组成部分。古道多为人工开凿和铺设，目前仍是澜沧江边一些村民与贡山县村民交往的主要通道。此段古道滇西北与西藏各民族之间长期交往与联系的重要通道。是研究云南马帮文化和民族交往的重要实物资料。

（2）白水台东巴胜迹

白水台东巴胜迹位于三坝乡白地村西北隅，距县城101公里。由华泉台地、白水台摩崖石刻、祭天坛、舞蹈场、求子洞、阿明灵洞、家族火塘等组成。华泉台地高约120米，宽约150米，台体上方平坦，泉池广布，泉水盈盈，古人喻此奇观为"仙人遗田"。东巴教尊阿明为祖师，奉为"阿明什罗"，阿明灵洞相传是东巴祖师阿明研习经文，创制象形文字，编写东巴经典，创立纳西东巴教的地方。白水台北侧不远处存留有明嘉靖三十三年（1554）丽江土知府木高的两首摩崖诗。

白水台不但景色秀丽，而且民族文化积淀丰厚，现今仍有"没到过白地，不算大东巴"的说法。每年农历正月初三和二月初八，白地及其东至四川木里，西至丽江的东巴和信教群众都来白

水台朝圣和供祭，祈求来年风调雨顺、平平安安、多子多福。之后在这里开展表演歌舞、比赛马术等系列民俗活动。为方便朝圣群众歇脚，白水台周边每个村分有各自村的休息地，每家都有家族火塘，而且世代承袭。白水台不仅是中国较大的华泉台地，也是纳西族东巴教的圣地和纳西族东巴文化的发祥地。1993年被云南省政府公布为省级文物保护单位。

（3）木土司城堡遗址

木土司城堡遗址位于香格里拉市小中甸镇联合行政村贡下村西侧。建于明嘉靖八年（1529年），时称"年各羊脑寨"，为丽江木氏土司向藏区发展的大本营和屯兵之所，遗址遗存方形夯筑城墙残垣，墙高约2米，总长约150米，如今在倒塌的墙头已长有直径约30厘米的松树。城外掘有宽约2米的护城河以作防卫，城内接有铜铸或瓦筒引水管道。主

体建筑为四周筑土为墙的藏式碉楼,房屋之间通有瓦片和卵石铺设的道路。整座建筑呈坐北朝南,大门口遗留残损石狮一对,大残狮身长1.9米,身围2米,小残狮身长1.5米,身围2米。城堡毁于康熙六至十三年(1667至1674年)间。木土司城堡遗址是研究明代木氏土司征战屯兵制度、城堡构筑和滇西北地区民族关系的重要实物资料,具有较高的历史价值。1994年被迪庆州人民政府公布为州级文物保护单位。

(4)戈登遗址

戈登遗址位于维西县城东北90公里塔城乡戈登村以西半公里的腊普河东岸,距离河面五十米的崖厦下。岩厦坐东向西,深5米,宽21米。1958年,戈登村民在村子下方的一个岩厦挖"火灰"积

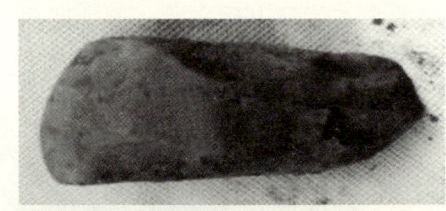

六、史迹概说

肥时,发现了大量的陶片和磨制石器等遗物,当地的干部及时向上级有关部门报告,云南省博物馆接到报告后,组织工作队进行清理发掘,共清理出土石、骨、陶器和动物骨骸90件,其中石器有30件,陶器4件,骨器2件,陶片46件,哺乳动物遗骸5件。石器形主要有石斧、石刀、石箭簇、石针、圆形穿孔石饰品等,器身多为琢制,少数稍加磨制;陶器多为夹沙灰陶,器型以罐为主,均为手工捏制,并为露天烧成,纹饰有叶脉纹、绳纹、网格纹、水波纹和锥刺纹等。骨器为骨管和骨凿。此后50多年来,云南省、迪庆州、维西县相关部门曾对戈登遗址进行过10多次调查,先后采集到一批遗物。经北京大学加速器质谱实验室进行测年,结果经树轮校正后的年代分别为距今4586年±35年、4056年±35年和3546年±35年。戈登遗址填补了迪庆新石器时代文化的空白,为研究迪庆民族地方史提供了宝贵的实物资料。2012年被云南省政府公布为省级文物保护单位。

(5)铁桥城遗址

铁桥城遗址位于维西县塔城镇其宗村和香格

里拉市五境乡春独村之间的金沙江两岸。公元6世纪,吐蕃王朝在青藏高原崛起,随后不断向外扩张,在极盛时期,其势力顺金沙江、澜沧江南下直达洱海地区,将迪庆地区全部纳入其统治范围。据史料记载,当时吐蕃在迪庆塔城的金沙江上修建了世界上最早的铁索桥,设置神川都督府,统辖铁桥16城,并藉铁桥之利开通了茶马商贸。

铁桥城遗址由塔城关隘遗址、春独和杰布顶古道、春独藏文摩崖石刻、宗古遗址和铁桥遗址等吐蕃时期遗迹组成。它是公元7-9世纪吐蕃经略滇西北的珍贵实物证据,对于研究吐蕃、唐朝和南诏三者间的关系和研究藏、汉、白、纳西等民族之间的关系以及云南藏族的形成都具有重要的历史价值,其中的石刻则是研究藏传佛教在藏族、纳西族和傈僳族聚居区传播的珍贵实物资料,

六、史迹概说

该遗址保存完整,类别丰富,对研究吐蕃城址及防御设施具有重要价值。2012年被云南省政府公布为省级文物保护单位。

(6)衮钦寺遗址

衮钦寺遗址位于香格里拉市建塘镇解放村贡比自然村高山植物园内。衮钦寺又名嘉夏寺、丽江寺,是藏传佛教噶举派寺院。明天启年间,由丽江木氏土司捐资、噶玛噶举派红帽系第六世活佛昂吾却吉旺秋筹建。

根据史料记载:衮钦寺主体大殿覆盖琉璃瓦,高四层,占地1716平方米,大殿正中供奉有结跏趺坐于莲花宝座上的三丈六尺高强巴佛铜像,殿前安放两只巨大的铜鼎。衮钦寺是当时木氏土司统治区内几座著名的白教寺院之一,是当时迪庆地区进行剃度僧人和传召法会等重大宗教活动的中心。曾经来往滇藏各族商客游人,都会入寺进香顶礼膜拜,香火极旺。

清康熙十三年,该寺因反对蒙古和硕特部的统治和抵制格鲁派势力渗入的武装战乱而被镇压,文物被洗劫,僧人被驱散或改宗,寺院被毁。现仅遗存三座大殿、两座厢房及两座大门的建筑基石。衮钦寺遗址是明末清初迪庆各种政教关系发展变化的实物见证,具有较高的历史研究价值。2012年被迪庆州人民政府公布为州级文物保护单位。

(7)赤土仙人洞胜迹

赤土仙人洞胜迹又名"赤土灵洞",位于香格里拉市格咱乡木鲁村,藏语称"赤土乃"。赤土仙人洞胜迹由仙人洞、摩崖石刻、玛尼堆、赤土寺庙遗址组成。

仙人洞洞宽13米,高10米,深不见底,洞内由钟乳石形成千姿百态的石佛、石鼓、石海螺、石经书等。洞口石壁上显有一只仙人"顿足成洼"之印,被称为吉祥天女脚印,其周围摩崖石上刻有大型藏文六字真言、吉祥颂语等。洞前60米处堆积有长约100米,高约3至5米大小不等的

66个玛尼石堆。赤土寺遗址位于洞前200余米的一山坡平台上,该寺毁于文革,现原址建有两栋佛殿。

赤土仙人洞胜迹是藏东著名的圣迹,是藏传佛教噶举派传入迪庆早期的修行圣地,为藏民猪年转山的圣地。其石刻遗存年代久远、数量众多、刻工精湛,具有较高的历史和艺术价值。2012年被迪庆州人民政府公布为州级文物保护单位。

(8)宗咱遗址

宗咱遗址位于维西县巴迪乡真朴村者阶自然村东,为澜沧江西岸的一座独立小山,当地人称"宗咱"或"瓦口"。2013年9月至12月,为配合里底水电站工程建设,云南省文物考古研究所主持完成维西宗咱遗址的考古发掘工作。发掘面积1600平方米,分别布10×10米探方18个,清理出石砌房基16座、大小石墙45道、石沟1条、灰坑1座,出土大量的陶片及动物骨骼,发现陶器、石器、骨器等标本器物560余件。

遗址文化层堆积较为深厚,最深处可达4.5米。遗址内发现遗迹均采用石材垒砌。房屋可分为两排,分布于山顶及山腰。遗址内发现的一枚五铢钱，在滇西北的考古发掘中极为罕见，不仅为判断遗址的年代提供了重要依据，更有力证实了汉代维西与内地间的交流联系。通过采样浮选，在遗址土样内发现多种炭化粮食种子，增强了我们对澜沧江上游古代农业发展的认识。

根据出土遗物初步判断遗址年代跨度为西周至汉代（距今3000—1800年），遗址内大量的石砌建筑属于汉代。遗址所处山体临近水源，地势险要，并有多道护坡墙环绕山体，房屋建筑居高临下，布局有序，具有较强的军事防御性质。遗址堆积深厚、年代跨度大、出土物丰富、遗迹保存较好，为澜沧江上游地区考古学文化的研究提供了新的资料。2015年被公布为州级文物保护单位。

3. 古墓葬

（1）永芝石棺墓

永芝石棺墓位于德钦县云岭乡查里通村永芝村民小组都格顶，1974年3月，当地群众在修筑梯田时发现了古墓。同年8月，云南省文物工作队在德钦永芝清理了青铜时代的石棺墓2座和土坑墓1座。该墓地分布面积约8000平方米，出土并采集到青铜器、陶器、银饰品共26件。其中出土的剑、镯、戈呈红褐色，和祥云大波那铜棺墓出土的铜器相似。剑多为花蒂形格和缠缑纹茎，另有格作花蒂形而茎无纹饰剑1件和无格剑1件。斧呈梯形，实心无銎，是铜斧中最原始的形式。在M2头骨处发现银饰4件，疑似为墓主人头部装饰品。经清理者对比研究，其年代为春秋战国时期。

永芝石棺墓的发掘揭开了迪庆石棺文化考古研究的序幕，同时对研究澜沧江流域以及中国西南地区的历史与文化有极为重要的作用。2012年被迪庆州人民政府公布为州级文物保护单位。

（2）黄氏家族墓

黄氏家族墓位于维西县维登乡小庄村江东后山麓。该墓地始建于清光绪二年(1876),坐东向西,纵向三列。墓体用青灰条石砌成,缝隙间和连接处用糯米和石灰粉粘接。

黄氏家族墓群:上为祖母何氏墓,单孔牌坊式建筑;中为黄玉贵夫妇墓,为三孔牌坊式建筑,居中一孔题刻墓主名讳,左右两孔镌刻其生平,并有当时诰封二等男爵杨玉科及钦加布政司陈席珍的题刻,墓主人黄玉贵被诰封为振威将军;下为黄河清夫妇墓,也为三孔牌坊式建筑,中孔题刻墓主名讳,左右两孔镌刻其生平,黄河清被诰封为武将军;最下为黄氏后代子孙墓葬。整个黄氏墓葬群建筑工艺考究,雕刻精细,占地面积为150平方米。且墓葬背靠青山,面临澜沧江,周围有各种树木及果园,环境优美,辈份排列清楚,

气势宏伟。同时，黄氏家族墓对于研究光绪年间维西的历史具有重要的价值。2012年被迪庆州人民政府公布为州级文物保护单位。

4. 古石刻

（1）金沙江岩画

金沙江岩画，集中分布于流经香格里拉市和丽江市的金沙江两岸，绘制于旧石器时代晚期至新石器时期。目前，迪庆境内经核实记录的有26个岩画点。其中，三坝乡东坝村13个点，分别是：姆足吉a点、姆足吉b点、川卡若、岩房、花吉足a点、花吉足b点、尼可见、硝厂洛、白云湾、洛曼罗、喇嘛足、岩卡纳、岩拉巴吉岩画。洛吉乡木圣土村与少洛吉村10个点，分别是：孔家坪、干海子、马鹿塘、俄里仙人洞、花岩、雷打牛包、必子岩、岩布洛、大干坪子、昂垛股岩画。金江车轴1个点即车轴岩画。上江乡福库村1个点即木彩习岩画。羊拉乡1个点即里农岩画。目前发现的金沙江岩画面积共计约1500平方米，岩画的内容绝大多数为野生动物，主要有野牛、野羊、鹿、猴、人物及一些抽象的图案和符号，创作技法以彩绘居多，兼有少量的凿刻。

金沙江岩画画风写实，形象生动，在我国岩画类型中独树一帜。岩画的主人从事早期猎牧经济并创作了云南最早的原始艺术，对于研究滇西北地区远古先民的生产、生活及其与环境的关系具有重要价值。2013年被国务院公布为全国重点文物保护单位。

（2）达摩祖师洞

达摩祖师洞，简称祖师洞，藏名"达摩乃"，位于维西县塔城镇其宗村的达摩山顶。由祖师洞寺院建筑、达摩面壁影像、达摩足印、记事碑、藏文、梵文和造像石刻，高僧灵塔等珍贵的文物和遗迹组成。

据载，吐蕃时期藏传佛教已传到祖师洞，宋

六、史迹概说

代印度高僧帕丹巴桑杰（亦称"达摩"）曾先后五次进藏传法，最后一次在祖师洞面壁九年修成正果，其间祖师在此创立了藏传佛教"希解派"。明末清初当地僧俗群众在祖师面壁处依山势洞壁建成50多间佛堂和禅房。清代，当地僧众在祖师洞下南侧修建了噶玛噶举派寺院"达摩寺"，不久又在祖师洞下北侧修建了止贡噶举派寺院"来远寺"。至此，"祖师洞""达摩寺""来远寺"形成了三足鼎立之势，成为远近闻名的佛教圣地。今寺内和转经道旁留下了达摩面壁的影像、达摩足印和记事碑，大量的藏文、梵文和造像石刻，高僧灵塔等珍贵的文物和遗迹，形成了祖师洞底蕴深厚，类别多样的文化景观。

达摩祖师洞转经道周长约3公里，石刻分布面积0.4平方公里。转经道内共有嘛呢石刻157

堆，其中108堆集中在嘛呢石经谷，49堆分散在转经道沿途，总计8095块嘛呢石片。整个转经道内共有51个摩崖石刻点，共计215.39平方米。石刻主要是文字石刻和造像石刻两种。文字石刻有藏文、梵文和汉文三种，内容主要是经文咒语，其中数量最多的是《大般若经》《金刚经》和"六字真言"，还有部分记事和村规民约等内容的藏文石刻；造像石刻内容主要是佛、菩萨、护法神、山神、高僧大德、灵兽珍禽及其一些符号。达摩祖师洞宗教文物和石刻文物遗存丰富，年代悠久、刻工精湛、风格多样、构图巧妙，本土特色和民族特色浓郁，具有很高的艺术价值和观赏价值。1998年被云南省人民政府公布为省级文物保护单位。

（3）曲赤通摩崖石刻

曲赤通摩崖石刻位于德钦县奔子栏镇叶日村曲赤通村民小组，金沙江西岸羊拉公路上方一面约长400米，高200米的崖壁上，离羊拉公路直线垂直距离约有1公里左右。石刻为藏传佛教内容的摩崖石刻，总面积6平方米。共6幅石刻和造像：2幅莲花金刚、1幅莲花观音、1幅四臂观音，还有2幅藏文石刻。最大的莲花金刚造像高1.68

米，宽1.43米，在勾线刻画的基础上全身填充赤铁矿颜料；最大的六字真言藏文石刻高1.88米，宽203米。所有佛像最初勾线刻画后添加赤铁矿颜料绘成，并有多次后期补刻和绘制的痕迹，有些地方可以看出线条已被岩浆覆盖。

莲花观音是佛教早期观音菩萨的形象，盛行于佛教早期约公元二至七世纪的古印度犍陀罗艺术中，在中原和藏区都极为少见。莲花金刚造像则属藏传佛教前弘期晚期至后弘期早期造像。

该摩崖石刻的发现为研究迪庆社会发展史和佛教历史提供了重要的实物，同时对于研究藏传佛教在云南的传播具有重要的史料价值。2012年被迪庆州人民政府公布为州级文物保护单位。

（4）霞若摩崖石刻

霞若摩崖石刻位于德钦县霞若乡霞若村。"霞若"当地藏语意为崖壁下,相传霞若村定居的第一户人家叫"霞若达",这一户人家就是为了保护该处崖壁上的石刻佛像而定居于此,而且世代相袭。

霞若摩崖石刻总面积约15平方米,分布在同一山崖上的东面和西南两面,西南面主要是一通弥勒佛像,村民在佛像上做了玻璃框将其保护和供奉起来。东面造像较多,主要有宗喀巴大师、大黑天护法神、四臂观音、文殊菩萨、无量寿佛等造像。文革期间曾受破坏,如今后人按照遗留的石刻线条,将其彩绘恢复,部分恢复了最初的佛像轮廓。另外,石刻边住着的一家人架屋对其进行日常的保护和供奉。

霞若摩崖石刻线条精美、造型古朴,是典型的清初藏传佛教石刻造像,有较高的艺术价值和

历史价值。2012年被迪庆州人民政府公布为州级文物保护单位。

5. 近现代史迹及代表性建筑

（1）茨中教堂

茨中教堂位于德钦县燕门乡茨中村，距县城80公里。教堂于清同治六年（1867年）由法国传教士修建，1909年重建，当时为天主教"云南铎区"的主教座堂，曾先后开办过一所学校和修女院。解放初，外国传教士回国，教堂断绝了与国外教会的关系，"文革"期间停止宗教活动，1984年起，教堂归还教徒使用。目前，教堂、厢房、大门、地窖、传教士墓、葡萄园、花园等仍保存完好。

茨中教堂为中西合璧建筑，教堂主体为巴斯利卡风格，钟楼、门窗样式和局部装饰有哥特式教堂特色。钟楼上部为中国传统亭阁式建筑，所

有屋面均为中式飞檐瓦顶,覆盖有土制琉璃瓦。教堂内四壁和天花板上绘有精美的汉、藏、白等民族风格的图案,出檐和窗楣的装饰大胆地吸收了藏式建筑装饰的特点。教堂前院的三栋土木结构厢房为典型的白族民居样式。另外大门、花园、葡萄园等与整个建筑群合理布局、和谐统一。茨中教堂是西方建筑风格与我国的汉、藏、白等民族建筑风格完美结合的典范,是目前我国藏区仅存的清代教堂建筑,是"维西教案"唯一尚存的实物证明,是东西方多种信仰文化相互碰撞、交流共存的见证,具有较高的历史、艺术价值。2006年被国务院公布为全国重点文物保护单位。

(2)迪庆州人民政府旧址

迪庆州人民政府旧址位于香格里拉市建塘镇云丹路。始建于1956年,次年完工。现存建筑有大院、礼堂和大门等,建筑面积5078.7平方米。整个建筑群仿汉式宫廷建筑中轴线布局,以汉式宫殿建筑为主,融合藏族、白族、纳西族的建筑风格,功能上借鉴了前苏联建筑元素。结构以砖混为主,砖木为辅,顶覆灰瓦。前院正面建筑为歇山式屋顶,七开间三进深一层砖木结构,门头

六、史迹概说

额枋绘有双龙戏珠，雀替上雕有茶花图案。一进门廊天花板中心绘有一红色五角星，两侧为两只和平鸽。后院南北厢房为三开间两进深，西厢房为五开间三进深；东厢房底层中部为会议室，房内南北两面各有一欧式壁炉，二楼中部为迪庆州第一任州长松谋活佛的寝室和办公室；礼堂正面顶部檐下镶嵌有一个五角星，二层窗顶上为汉藏两种文字的"迪庆藏族自治州人民礼堂"；大门由门楼和碉楼组成，门楼的额枋和柱头绘有藏族、汉族和白族风格的彩绘，碉楼为混凝土平顶房，上下各有两个枪眼。

迪庆州人民政府旧址是建国初期，云南藏区重大历史事件和人民政权建设仅存的实物见证；是迪庆各族人民在中国共产党的领导下翻身解放、当家做主和实行民族区域自治政策的

珍贵历史见证,也是党的民族政策在藏区生根、发芽、结果的历史见证。2012年被云南省人民政府公布为州级文物保护单位。

(3)同乐傈僳族传统民居建筑群

同乐傈僳族传统民居建筑群位于维西县叶枝镇同乐村。整个村落由东北向西南呈坡状分布,有127户人家,500多人。傈僳族民居建筑全系原木搭成,又称"木楞子"房。其特点是木头不上漆,不用铁钉,全靠木料之间相互牵制。每栋木楞房形状像一个大木匣,四周用长约5米,粗20公分的圆木横架而成,屋顶用木板覆盖,家家户户院落都用木栅栏相围。房屋多为两间,也有三间或一间的,一般一侧面开门,门头上家家户户都悬挂着山羊头。同乐傈僳族乡土建筑群充分体现了傈僳族依山、临水、就林的建村理念,完

整地保留了傈僳族居住、生产生活、社会活动设施的传统风貌。同乐村还完整地保留有自然宗教和 24 部祭天古歌、国家级非物质文化遗产阿尺目刮歌舞、麦杆编等文化遗产。同乐傈僳族传统民居建筑群是云南省至今保存最完整的傈僳族传统村落,是民族学和人类学研究难得的实物标本,具有较高的历史和艺术价值。

(4) 拖顶傈僳族大村民居建筑群

拖顶傈僳族大村民居建筑群位于德钦县拖顶乡拖顶大村。整体村落依坡而建,布局严谨,村落已有 300 多年的人居历史,世居民族为傈僳族。1957 年 6 月份,一场大火将全村传统的井干式木楞房建筑烧毁殆尽。后来当地村民在旧址上重建过程中,放弃傈僳族传统的井干式土木结构板房建筑式样,选择傈僳族传统村落布局和空间利用建筑理念基础上,吸收周边藏族、纳西族、汉族等民族的建筑式样。全村 137 户民居建筑材料统一、风格统一,采用石、木、瓦等材料,形成了包容多样而又特色鲜明的新建筑风格,其建筑实践为传统民居的改造和创新提供了成功范例。

拖顶傈僳族大村的傈僳族文化底蕴深厚,信

仰原始宗教，每年都有盛大的祭天、祭山神活动，有"阔时节""二月八"，"七月半"等传统节日，村落四周有多处神山、神树以及烧香祭祀台。同时整个村落有很强的消防安全自我保护意识，全村各户轮流义务进行每周的消防安全检查。整个村落的邻里间，无论从建筑布局上还是生活中的朝夕相处都相互包容，和睦共处，十分和谐。因此，拖顶傈僳族大村是迪庆州内最具典型的多元民族文化相融的乡土建筑群之一，具有较高的艺术价值、民俗研究价值，同时也是迪庆多民族和谐发展的真实历史写照。2012年被迪庆州人民政府公布为州级文物保护单位。

（5）扎古抗暴战斗旧址

扎古抗暴战斗旧址位于德钦县云岭乡查里通村委会永仁村民小组北6公里处。扎古崖是一座

六、史迹概说

长约 800 米的鸡冠形山崖,由东向西而立,西临澜沧江峡谷,南、北是峭壁千丈的深渊,东面崇山峻岭,仅有一条小路从东面的悬崖上通过。1948 年,永仁村村民为了反抗土司头人的横征暴敛,在藏族青年李阿土等人的带领下武装暴动,据守扎古崖,后附近禹功、沙冲、尼通水等村的村民 100 多人陆续上扎古崖与永仁村民一起武装反抗反动土司。村民们在粮食、饮水和弹药缺乏的情况下坚持 408 天,直到 1950 年解放军到来,抗暴斗争取得了最后胜利。其中李阿土、干玛白九等人在 1949 年参加了中国共产党领导的边纵七支队藏族骑兵大队,分别担任过骑兵中队中队长职务,他们为滇西北的解放事业做出了突出的贡献。

抗暴战斗旧址现存面积约 2000 平方米,其建筑全为石头砌筑,石门、21 座掩体和两条战壕保

存完好。是德钦近现代史上农民武装反抗压迫的唯一实物见证,也是迪庆地区新民主革命时期农民革命的重要纪念遗址。2012年被迪庆州人民政府公布为州级文物保护单位。

(6) 金江大沟

金江大沟位于香格里拉市金江镇。1957年5月,金江区和平协商土地改革结束,全区掀起农田水利建设高潮。10月,由丽江专署农水科测量设计,取水口设兴隆河,全长86公里。抽调受益区百分之六十劳力,非受益区百分之四十劳力,自带工具,自带口粮修建,1959年12月竣工。后多次补修,一直沿用至今,成为全镇主灌渠,农田受益面积达6092亩。

金江大沟是建国初期迪庆最长的引水灌溉工程,是社会主义早期,迪庆人民自力更生、团结

协作，积极建设社会主义事业的结晶。体现了当时的历史特征、时代风貌与建设成就，具有重要的纪念意义和历史价值。2012年被迪庆州人民政府公布为州级文物保护单位。

（7）巴珠水磨房群

巴珠水磨房群分布在维西塔城镇巴珠村巴珠河中段。巴珠村现存水磨房12座，转经房5座，白塔3座，风雨桥1座，藏传佛教祭祀"擦擦堆"十几堆。水磨房由引水道、水轮、磨盘和磨轴等部分组成。每座水磨房面积15至30平方米，石条为基，圆木围墙，木板为覆顶。

巴珠村藏传佛教盛行，在水磨房群间点缀有一些进行宗教法事的转经房。水磨房群和转经房排列错落有致，为井干式木楞房，多为清末民初的藏式建筑，是藏传佛教建筑精品，具有较高的

历史价值和艺术价值。2015年被迪庆州人民政府公布为州级文物保护单位。

（8）托洛顶傈僳族传统民居建筑群

托洛顶傈僳族传统民居建筑群位于维西县塔城镇塔城村托洛顶村民小组。村落坐北朝南依山而建，建筑朝向则坐东向西，属典型的傈僳族聚居村寨。传统的傈僳族民居多为井干式木楞房，但托洛顶受藏族文化的影响，在建筑风格上融入了大量的藏族建筑工艺。布局多为四层藏式建筑，第一层为畜圈；第二层为厨房和客厅；第三层为卧室；第四层为储藏室。年代久远的民居中还建有藏式"经堂"，是研究傈僳族与藏族文化交往、交融的重要实物资料。最具特色的是全村集中在一起的24个储物粮架，折射出远古傈僳族土地"伙有共耕"制度的影子，是研究傈僳族社会发展历史的珍贵遗迹。2012年被迪庆州人民政府公布为州级文物保护单位。

（9）小维西教堂

小维西教堂又叫"圣心堂"，位于澜沧江东岸维西县白济汛乡小维西村。建于清光绪八年（1882），是迪庆州境内最早的天主教堂。教堂

六、史迹概说

以圣经堂为中心,由大门、厢房、厨房组成四合院。圣经堂为二层建筑,砖木结构,室内天花板绘有太阳、月亮、星座八卦等图案,室下的地下室为酒窖,保存完好。整座建筑平面呈"T"字形,屋顶、格扇、栏杆为中式木雕技艺,内饰则为西式风格,是典型的维西民居和西式建筑风格的融合。2012年被迪庆州人民政府公布为州级文物保护单位。

七、当代新貌

（一）跨越发展

迪庆是云南省唯一的藏族自治州和全国十个藏族自治州之一，滇、川、藏结合部"大三角地带"，也是云南多民族和睦相处区域的重要组成部分。由于特殊的地理位置、地理环境和特殊的历史发展进程决定，迪庆在唐代就已经成为吐蕃南部东向交往的重地，是各民族交流、融合、贯通的重要走廊。随着历史的发展和滇藏"茶马古道"的开通，这种东向发展加快、程度加深，范围加宽，关系越来越紧密，茶马古道成为经济、文化交流交往的重要通道。新中国建国时，迪庆全境于1950年5月20日得到解放，从政教合一的封建农奴制、奴隶制等多层次的社会形态经过民主改革走上了社会主义道路，1957年9月13日，迪庆藏族自治州正式成立，迪庆完成了制度变革

七、当代新貌

的跨越,在社会历史发展中实现了第一次伟大的历史性跨越。在这期间,迪庆经历和完成了和平解放、土地改革、剿匪平叛以及支援西藏解放等历史事件,经济建设进程缓慢。这一期间唯一的建设是建设了滇藏公路。改革开放为迪庆的发展谱写了崭新的篇章,社会主义市场经济为迪庆带来了第二次经济体制的大变革,迪庆的经济社会发展站在了新的起点上。然而由于迪庆社会历史发展等因素的制约,底子薄,起点低,生产力的发展水平仍然处于低层次的状态,社会发育程度先天不足的情况延续到了改革开放前。贫困面大,典型的贫困州,是迪庆最大的州情,在1990年前的40年中,国家在迪庆的固定资产投资只有3.7亿,而迪庆仅木材一项,按指令性计划调出403万平方米,计14亿多元,差价达8亿多元,极大地支援了国家建设,迪庆经济社会的发展本来就先天不足,加上曲折的历史发展原因以及国家投入少,发展晚,经济差距与内地相比进一步拉大。

从改革开放的历史进程看,迪庆起步晚,迫使迪庆处于不平等的市场竞争地位。我国的改革开放政策长期在沿海经济政策上"锦上添花",

很少给西部地区"雪中送炭"，一头热，一头冷，加上"适者生存，优胜劣汰"的市场法则，给贫困地区"先天不足"的经济带来更大的压力，甚至挤出市场，竞争的起跑线不一样，竞争自然处于劣势地位；还有价值规律的拉力和长期以来的价格体制带来的负面效应。在这样的特殊的历史发展阶段和条件下，迪庆与内地相比面临着巨大的经济社会发展的落差，矛盾的焦点直指发展，发展成为迪庆社会聚焦的主题，成为迪庆解决一切问题的钥匙。只有发展，才能缩小与内地和其他藏区的差距，发展才能改善民生，得到群众的认可，发展才能赢得稳定的社会环境，发展已经成为迪庆改变自身面貌的机会与希望。

改革开放之初，迪庆的干部面临着发展的强力的压力，向上跑步到昆明、北京争取政策和项目，向下跑步到农村、企业，体察民情，了解民意，充分听取基层群众对党和政府的要求，同时大力宣传党委、政府对迪庆的政策帮扶以及迪庆的发展思路、优势和前景。通过上下一跑，摸清了州情，争取到国家在资金、项目和政策上的大力支持。各级行政机关坚持重心下移，用三分之一的时间

七、当代新貌

研究工作,用三分之二的时间抓落实。揭开了迪庆发展的新篇章。

迪庆经济发展的真正起步,开始于1993年云南省政府迪庆扶贫现场办公会召开以后,1993年、1998年、2003年云南省政府先后在迪庆召开了三次现场办公会议。"八五"期间,迪庆理清了经济社会发展的思路,提出了"基础先行,调整结构,提高效益,协调发展"的发展思路,实施"1112"重点工程,并首次提出建设六大支柱产业。1996年5月,中共迪庆州委四届二次全会首次提出了"把迪庆建成全国最好藏区之一"的目标,迪庆在发展的历史上第一次提出了既有战略重点、又有战略目标的经济社会发展思路。拟定了100多个项目,投资达21多亿元,农牧业、旅游业、基础设施建设和社会事业得到了长足的发展,迪庆积极争取国家的更多支持和发达地区的帮助,经济社会得到了快速发展,取得了阶段性的成果。

从1998年11月迪庆第二次现场办公会到2003年第三次现场办公会,迪庆进一步提出了以旅游业作为先导产业优先发展,首次把全州的产业重点列为旅游业、畜牧业、生物产业和水资源开发四大产业,大力加强基础设施建设,投资项目累计达到160多项,投资概算达100亿元,基础设施建设得到极大改善,经济社会的发展开始走上快车道。特别是2003年6月的第三次现场办公会议,提出了生态立州、文化兴州、产业强州的明确的经济社会发展思路,确立"三州"战略,再次提出努力"把迪庆建成全国最好藏区之一"的目标,这一思路的提出符合迪庆经济社会发展的客观现实,符合迪庆各族人民的愿望,使迪庆发展的思路更加科学和清晰,目标更加明确,迪庆经济社会进入跨越发展的黄金期,迪庆的经济发展模式从单一的森工产业逐步发展成四大支柱产业,仅看旅游业,随着我州旅游支柱产业的确立和基础设施的进一步完善,旅游业逐渐成为迪庆新的经济增长点和天然林禁伐后新的替代产业,促进了迪庆工商业、农牧业、文化娱乐业、电信通讯业、交通运输业、饭店餐饮业的快速发展。1996年—2001年5年间,迪庆接待国内外游客的数量年均增长38.27%,旅游总收入年均增长44.03%,对迪庆经济的拉动力不断增强。1999年,旅游业形成的增加值占了全州生产总值的11%,

2001年到迪庆旅游的中外游客人数已接近百万人次,全州旅游总收入超过6亿元。"十一五"期间,与其他藏区比较,按经济指标增幅来比较分析,在11项主要经济指标里,迪庆占四个第一,(GDP、人均GDP、社会消费品零售总额、第三产业思想增幅),农民人均纯收入增福居第二位,粮食产量增幅居第三位,第二产业、全社会固定资产投资、财政收入增幅分别居第四位,第一产业增幅居第五位。

以建州50周年、改革开放30年为标志,把迪庆建成全国最好的藏区的目标基本实现。在全国十大藏区中,按人均经济指标来分析,到2010年底,迪庆人均粮食产量376公斤,名列全国藏区第一;人均GDP为20051元,城镇居民人均可支配收入15996元,人均全社会固定资产投资34349元,以上三项指标分别名列藏区第二位,仅次于海西州;人均财政收入1529元,名列藏区第四位;农民人均纯收入3347元,名列藏区第五位。

面对迪庆经济社会发展的良好态势,我州进一步提出"生态立州、文化兴州、产业强州、和谐安州"的"四州战略",并提出了"建设全国藏区跨越发展和长治久安示范区"的新战略目标,这是迪庆在新的历史条件下形成的政治、经济、文化、社会、生态为一体的系统战略。迪庆的发展步入了全面发展的新阶段,从"十一五"到"十二五"以来,迪庆州生产总值平均增幅连续8年保持在20%以上,连续7年在云南所有州市和全国10个藏族自治州中增速第一,在全国10个藏族自治州中的排位由2001年的第8位上升到2012年的第4位。特别是香格里拉落户迪庆后带来的十三年旅游业大规模的发展,通过年复一年全国各地每年几百万游客的大规模进出和与云南藏区各族人民的友好交往,更是将云南藏区与祖国内地的交往,推进到了一个水乳交融、紧密而不可分割的新阶段,全州的GDP从1978年的5004万元提高到2015年的161亿元,同比增长9.6%,全社会固定资产投资由1978年的611万元提高到的2015年的285亿元,同比增长15.42%。第一、二、三产业占GDP的比重由上年的7.1∶35.1∶57.8调整为6.7∶34.9∶58.4。全州呈现经济发展,政治清明,文化繁荣,社会

七、当代新貌

和谐,生态良好的局面。旅游业在 2014 年突破 1000 万人次,2015 年共接待国内外游客 1758.07 万人次,比上年增长 22%。全年完成旅游业总收入 16 亿元,同比增长 23.7%,创旅游外汇收入 4.4 亿美元,同比增长 3.6%。无论纵向看还是横向比,四州战略定位准确,经济快速发展,基础设施大幅度改善,生态环境有效保护,民族文化发扬光大,人民生活水平不断提高,综合经济实力显著增强,民族团结,社会和谐,迪庆提出和实践"四州"战略,取得辉煌成果,这在云南,甚至在全国,都具有先行性和创新性特点。迪庆社会实现了历史性的跨越,即实现了经济在低起点的跨越式发展。

步入新的历史发展的阶段,迪庆社会经济的发展也不断面临着新的机遇与挑战,2011 年 8 月 15 日,中共迪庆州委第七次代表大会提出了与"四州"战略相结合的建设"绿色家园、精神家园、小康家园、幸福家园"的新思路,迪庆走向全面发展的新征程,再一次吹响了前进号角。面对复杂多变的外部环境和经济下我们妥善应对 2013 年"8·28""8·31"地震、2014 年独克宗古城"1·11"火灾、干旱、山洪泥石流等一系列重特大灾害频发的困难局面,迪庆适应经济发展新常态,创新思路,强化举措,经济社会保持平稳健康发展的良好态势。5年来,全州经济总量大幅跃升,实现翻番,增速高于全国全省平均水平,位于全国10个藏族自治州前列。固定资产投资保持较快增长,累计完成1006亿元。财政实力不断增强,产业结构逐步优化,支柱产业竞争力提升,非公经济取得较快发展。基础设施明显改善,新型城镇化加快推进,生态建设迈出新步伐。全面深化改革有力推进,"环境综合整治,建设美丽迪庆"行动成效显著。社会保障体系逐步健全,覆盖面持续扩大,教育、卫生、科技等事业发展水平不断提升,公共服务体系基本建立,就业形势持续保持稳定。扶贫开发力度不断加大,贫困人口大幅减少,启动实施新一轮扶贫开发工作,"挂包帮""转走访"工作有序开展。民族团结进步取得新成效,中华民族伟大复兴的中国梦和社会主义核心价值观深入人心,文化事业和文化产业繁荣发展,各族群众生活水平和质量不断提高。全面从严治党开创新局面,党的群众基础和执政

七、当代新貌

基础不断夯实,社会和谐稳定的良好局面得到进一步巩固,为我州与全国全省同步全面建成小康社会打下了坚实基础。

"十二五"时期取得的成就来之不易,主要得益于我们紧抓民生保障不放松,着力夯实跨越发展和长治久安的基础;得益于我们紧抓基础设施不放松,着力改善跨越发展和长治久安的条件;得益于我们紧抓特色产业不放松,着力强化跨越发展和长治久安的支撑;得益于我们紧抓生态文明不放松,着力构建跨越发展和长治久安的生态屏障;得益于我们紧抓改革开放不放松,着力增强跨越发展和长治久安的动力;得益于我们紧抓和谐稳定不放松,着力强化跨越发展和长治久安的保障。这些积累的经验弥足珍贵,创造的精神财富影响深远,使迪庆进入了厚积薄发、良性发展的新时期,支撑发展的产业基础更加扎实,基础设施瓶颈制约得到初步缓解,各族人民群众加快发展、奋力崛起、富民强州的内在要求不断增强,为我州经济社会持续健康发展积蓄了强大能量。

然而与全国发展相比较,迪庆同发达地区的差距仍然很大。2014 年,昆明国内生产总值

3712.99亿元，迪庆147.2亿元；地方公共财政预算收入昆明477.9亿元，迪庆14.49亿元；昆明农村常住居民人均可支配收入10366元，迪庆5865元。从全国十大藏区的发展水平看，迪庆既有优势，也有差距。2014年，青海海西州国内生产总值560.05亿元，迪庆147.2亿元；地方公共财政预算收入海西130.1亿元，迪庆14.49亿元；海西农村常住居民人均可支配收入10294元，迪庆5865元。再比较文化教育发展的滞后性。2014年末，迪庆州总人口为40.7万人。全州三个县的人口中，具有大学（指大专以上）文化程度的25563人；具有高中（含中专）程度的30092人；具有初中程度91028人，具有小学程度的149674人，（以上各种受教育程度的人包括各类学校的毕业生和在校生）。全州三个县人口中，文盲人口（15岁及以上不识字的人）为43190人。迪庆的发展仍然面临着经济社会发展不充分、不协调、质量不高、总量不足的实际，主要问题是：一是自我发展能力不足。从GDP总量看，2014年全州经济总量仅占省的1.2%，位居全省第15位。从人均GDP看，2014年全州人均GDP低于全国平均水平 10439 元。从地方公共财政预算收入看，2014年全州一般公共财政预算收入仅占全省的 0.9%，位居全省第 15 位。二是集"山区、民族、边疆和贫困"四位一体。按照新的贫困标准，2015 年全州还有贫困人口 9.7 万人，贫困发生率达 24.2%。2015 年农村常住居民人均可支配收入为 6487 元，分别低于全国和全省平均水平 4285 元、1755 元。居住在丧失生存条件的高寒山区的赤贫人口还有近 3 万。三是支撑经济发展的交通、水利、城镇等基础设施仍然是制约经济社会发展的主要瓶颈。四是产业支撑作用不强产业发展仍处于较低层次且结构不合理。产业发展空间受主体功能区限制，资源优势未能有效转化为经济优势，主导产业链较短、关联度低，科技创新能力不足、抗风险能力弱。五是生态保护任务繁重两江流域因各种原因引起的生态破坏、生态退化、生态恶化的速度，已经超过了生态修复治理的速度。更为严峻的是，"十三五"开局迪庆和全国全省一样面临着经济转型、GDP 低速增长、经济下行的压力。

　　经济发展并不是万能的，但是经济不发展或者说经济发展缓慢在迪庆却是万万不能的。没有经济发展和人民生活的极大改善,就不可能有民族关系的和谐和社会的稳定。迪庆藏区四十多年来的实践证明,就稳定论稳定,甚至以牺牲发展来保稳定,导致贫穷落后,与内地发展差距越拉越大,社会主义民族政策的优越性得不到充分体现,影响干部群众的凝聚力和向心力,给境外藏独分子攻击社会主义,进行分裂渗透活动留下了可乘之机,最终难以实现长治久安。只有加快经济社会发展增强综合实力,改善全体人民的物质文化生活水平,才能增强民族团结和实现长治久安。困难财政下的"人文关怀",是迪庆的一条重要的经验。迪庆必须加快发展速度,没有速度就不可能实现跨越式发展,没有跨越式发展就不可能缩小与发达地区的差距,就不可能实现与全国全省同步建成全面小康社会的目标。为此迪庆紧紧抓住中央、省委高度重视藏区发展的重大机遇,立足迪庆经济社会发展不充分、不协调、质量不高的实际,以建设"全国藏区跨越发展和长治久安示范区"为目标,以实现"四个走在前列"为总任务,大力培育文化旅游、生物、水电、矿产四大支柱产业,按照"发展是第一要务"的要求,

七、当代新貌

聚精会神搞建设,一心一意谋发展,不断提高发展的质量和效益,走出一条符合迪庆藏区实际的发展路子。2016年,我州第八次党代会为迪庆未来的发展、发展描绘着新的蓝图,"四个全面"的战略布局为我州在新的起点上推进科学发展、跨越发展提供了战略指引;中央第六次西藏工作座谈会和省委第二次藏区工作会议为我州加快跨越发展和长治久安示范区建设带来了重大政策机遇;"一带一路""长江经济带"建设为我州主动服务和融入国家战略带来全面开放机遇。立足"资源富集区、水源涵养区、生态保障区、民族聚居区、文化特色区、发展滞后区、维稳关键区"的州情。我们提出了把迪庆建设成全国藏区民族团结进步示范区、全国藏区生态文明建设排头兵——东部藏区辐射中心的新目标。生态是立州之本,迪庆最大的价值在生态、最大的责任在生态、最大的潜力在生态,生态兴则迪庆兴。必须下最大的决心,不惜一切代价,毫不含糊地保护好迪庆的一山一水一草一木;产业是富州之源,产业强则群众富。必须以更有效的措施培育特色优势产业,推进产业强州战略,有力助推经济跨越发展旅游是兴州之路,旅游业是迪庆最具优势、最具特色、最具潜力和关联性最强的重点产业。必须把旅游业摆在更加突出的位置,举全州之力实施全域旅游,打造"世界的香格里拉"品牌;民生是稳州之基,服务好全州人民是我们一切工作的出发点和落脚点。必须保证全州困难群众按期脱贫,着力补齐教育卫生等民生短板,不断提升各族群众的幸福指数。在新的经济社会发展的条件下,经济实现快速健康发展,全州地区生产总值年均增长10%以上,城乡居民收入增长幅度高于经济增长幅度,农村居民收入增长幅度高于城镇居民收入增长幅度,制约经济社会发展最突出最紧迫的问题有效解决,基本公共服务主要指标达到西部地区平均水平,户籍人口城镇化率加快提高,现行标准下农村贫困人口实现脱贫,贫困县全部摘帽,生态系统步入良性循环,全面深化改革深入推进,民族团结长治久安局面更加稳固,这些新的目标列入了迪庆全面建成小康社会的伟大蓝图中,综合判断,"十三五"时期我州经济社会平稳健康发展的基本面和长期持续向好的趋势不会改变,只要我们再接再厉,推动发展不动

七、当代新貌

摇,抢抓机遇不懈怠继续集中力量把事情办好,不断开拓发展新境界,不断谱写好中国梦迪庆篇章,确保到2020年与全国全省同步全面建成安居乐业、保障有力、家园秀美、民族团结、文明和谐的小康社会。

迪庆是典型的投资拉动型经济,推动跨越发展必须依靠国家政策支持和重大项目支撑。政策是迪庆抢抓机遇、撬动经济社会发展的"杠杆""四个全面"的战略布局为迪庆在新的起点上推进科学发展、跨越发展提供了战略指引。自强不息的迪庆人民从来就有敢为人先的勇气,从来就有开放包容的胸怀,从来就有奋发有为的精神。这是迪庆人民世代薪火相传的宝贵精神财富,在推进跨越发展和长治久安的伟大实践中,这些精神财富更好地得到延续,发挥了巨大的凝聚人心和促进团结的作用,全州上下创业创新创优、自信自立自强的意识不断增强,人心思进、人心思富、人心思稳的范围日益浓厚,为迪庆未来发展稳定奠定了坚实的思想基础。在迪庆这片神奇、美丽的土地上各族儿女探索、追寻适合自己发展道路的坚毅步伐从未停止;各族人民谦和、包容的朴实情怀从未改变；在新的征程上各族群众对更加美好生活的期盼鞭策着我们！

（二）和谐共生

截止2015年底，迪庆总人口40.0182万人，其中少数民族人口326789人，占总人口的81.66%；藏族人口130735人，占总人口的35.9%；傈僳族人口109697人，占总人口的30.1%。千人以上的少数民族人口分别为：纳西族、彝族、白族、普米族、苗族、回族，信教群众16.8万多人。

从民族宗教的角度来看，迪庆是一个以藏族为主体，多民族聚居、多宗教共存、多文化共融的欠发达地区。

分析其民族宗教特征，第一个特点迪庆是以藏族为主体的多民族聚居区,境内居住者藏、傈僳、汉、纳西、白、彝等26个民族，其中世居民族有藏、傈僳、汉、纳西、白、彝、苗、回、普米、怒、独龙等11个民族，形成以藏族为主体多民族聚居的格局。

第二个特点是多宗教并存的藏区。境内目前主要传播的宗教有藏传佛教、基督教、天主教和

七、当代新貌

伊斯兰教,还有东巴教等若干原始宗教。信教群众16.8万人,占全州总人口的42%。其中藏传佛教历史悠久,全州有藏传佛教寺院23座,僧尼2430名,世袭活佛50位。信仰藏传佛教的群众有12万多人,占全州总人口的30%,占信教群众总数的71.42%,主要为藏族和纳西族群众;基督教群众2.6万多人,占全州信教群众总数的15.4%,主要为傈僳族群众;天主教信教群众1550多人,占0.92%,主要为傈僳族、藏族群众;伊斯兰教占0.5%,主要为回族群众;另外还有东巴教等原始宗教信徒近2万人,占11.9%。迪庆州宗教特点一是以藏传佛教为主;二是呈现一个民族信仰多种宗教、多个民族信仰一种宗教的现象;三是宗教在各族群众中有根深蒂固的传统影响,宗教生活化,生活宗教化;四是宗教传播时间长,范围广,宗教生活影响世俗生活,对迪庆的经济发展、社会稳定和民族团结产生直接的影响。五是这一区域是民族宗教问题较为敏感的地区。全州有580个藏传佛教活动点,除23座重点藏传佛教寺院外,还有天主教、伊斯兰教堂点。解放后,迪庆先后发生过3次较大规模的武装叛乱,有 2000 余人随达赖叛逃,20 多人成为达赖集团的骨干分子,其中桑东现任达赖集团的首席噶伦。因而,达赖集团长期把迪庆作为分裂、渗透、破坏活动的一个重点地区之一。同时迪庆还是一个倍受西方关注的区域,境外非政府组织在迪庆设立办事机构开展活动。历史上各民族也存在因民族文化、风俗习惯、宗教信仰等差异而产生的民族隔阂,但最终却能相互融合,长期和睦相处,谁也离不开谁。

第三个特点从民族文化上看这一区域是以藏民族文化为主的各民族多元文化共生共融的区域。迪庆文化在漫长的历史进程中不断地聚集、融合、传承,积淀吐蕃文化、氐羌文化、中原文化,游牧文化、农耕文化、马帮文化、峡谷文化而形成的多元文化共融发展的区域文化。雪域文化、纳西东巴文化、傈僳文化等在迪庆这块土地上交融共生,以藏文化为主的文化多元共生构筑了迪庆独具特色的原生态文化生境,以藏文化为主的多元文化的价值理念在迪庆社会历史文化中具有丰富的内涵和历史根基,香格里拉文化影响着迪庆人民现代社会生活的各个方面。

七、当代新貌

历史上迪庆曾是兵家必争之地,据迪庆藏族自治州州志记载,"仅民国时期区域内较大规模的武装冲突就达20余次"。新中国成立后,由于政治、经济、文化、民族宗教问题等方面的特殊性缘由,迪庆一直是达赖集团进行分裂、破坏、渗透活动的重点地区,也是各种国际反华势力力图施加影响和重点渗透的地区。在严峻的形势下迪庆始终把民族团结进步工作和维护稳定视作迪庆各族人民的生命线,视作做好一切工作的根本前提和保证,坚决贯彻执行中央、省委关于维护藏区稳定的一系列方针政策,高度重视我州民族团结和谐工作,把构建和谐民族关系作为实现藏区跨越发展和长治久安的重要基础常抓不懈。在维护藏区民族团结社会稳定工作取得了阶段性成果,创造了在维护祖国统一前提下各民族相互包容、相互尊重、彼此认同和友好相处的典范,迪庆呈现出民族团结、社会稳定、经济发展的良好局面,成为全国唯一保持和谐稳定的藏区。

1. 创造性地贯彻执行民族政策推进和谐共生

政治路线确定之后,干部就是决定因素。迪庆的干部一方面以高度的政治责任感,认真学习并把握党的思想路线的精神实质,在政治上与党中央保持高度一致,确保党的路线方针政策在迪庆得到全面贯彻执行。特别强调在坚持党对藏区工作的绝对领导、坚持社会主义道路和民族区域自治制度、维护祖国统一、民族团结和边疆稳定等重大政治问题上毫不含糊,绝不动摇,充分尊重各民族的风俗习惯,营造各民族相互信任、相互尊重、团结和谐的社会氛围。这即是迪庆改革、发展、稳定全局的基本保证,也是中华各民族的共同利益所在。另一方面又坚定不移地贯彻实事求是的思想路线,把中央省委省政府的政策方针以及思路和措施与迪庆的实际紧密结合,力求使迪庆的发展思路、政策措施符合迪庆实际,彰显迪庆特色,对上负责与对下负责有机结合,以三个有利于为标准,创造性的开展工作,涵盖了迪庆政治、经济、文化、社会、生态方方面面。

迪庆的干部积极向国家和省争取边疆少数民族地区的优惠政策,全面推进"藏区高原农牧民学生救助工程""农民健康工程""农村特困居民最低生活保障工程"、农村民居"地震安全工程"和边疆"解五难"工程等一系列惠民工程。优先

七、当代新貌

在全州少数民族聚居、人口较少民族、特困民族和散居民族分布的高寒区域和山区安排基础设施项目和公益性项目，着力推进经济结构调整，大力发展特色产业，从政策、资金、项目等方面加大扶持力度，实行分类指导，因地制宜，梯次推进，加快发展步伐，着力解决最现实、最根本、最迫切的困难，不断改善我州各民族的生产生活条件。教育方面，按照"州办高中、县办初中、乡（镇）办小学、村办学前班"的办学思路，采取"撤、并、建"等措施，加强寄宿制学校建设，调整全州中小学校区域布局，提高办学的集中度，推进藏区城乡基础教育均衡发展。从2007年开始，实施了"藏区高原农牧民学生救助工程"，全面免除全州农村义务教育阶段学生的生活费，直到高中每月还能领到170元生活补助，实现真正意义上的免费教育，基本解决了"上学难"的问题。卫生方面，迪庆还实施"农民健康工程"，建立了乡村组全覆盖的农村卫生体系，在距离乡镇卫生院、村卫生室5公里范围内，规模较大、人口相对集中的自然村和地处偏远的自然村设立一个农家卫生室，配备一名农家卫生员，共建立了495个农家卫生室。扎实推进"民族团结示范村"、扶持人口较少民族发展和特困民族发展试点建设等，注重做好项目拾遗补阙工作，让大项目覆盖不到的边远地区的少数民族收益。2013年至2015年，省民委和州民委共同开展示范点创建行动计划，实施"31211"工程，即支持迪庆州建设3个示范乡镇、10个民族特色村寨、20个示范村、1000户示范户、1个和谐寺院，三年内由省民委累计投入资金一个亿，迪庆州整合相关资金四个亿共同实施，集中力量推进迪庆州民族团结进步和边疆繁荣稳定示范区建设，让迪庆各族群众共享改革发展成果。

在创造性地应用民族宗教政策方面的一大亮点是充分尊重群众的宗教信仰自由的政策，将党的政策延伸到信教群众领域。迪庆将寺院建设纳入公共服务体系，让信教群众和僧尼共享改革发展成果。把僧尼视同一般群众均等享有社会公共服务。坚持管理与服务并重，在服务中实现管理，切实解决寺院僧尼的实际困难，共享改革发展成果。同时把寺院建设纳入全州经济社会发展的总体布局和新农村基础设施建设总体规划，深入实施安居寺院建设，支持寺院建设，有力确保了寺

七、当代新貌

院和谐。"十五"以来,共投入资金 2400 余万元,解决了绝大部分宗教活动点和藏传佛教寺院通路、通电、通水、修缮等问题。三通三进:寺院通路、通路、通水,报刊、广播、电视进了寺庙。融资上千万元协调推进了松赞林寺、东竹林寺和承恩寺大殿修缮工作。又将僧人纳入我州社会保障体系。在社会保障方面,实行民政负责、宗教把关的办法。迪庆州民政局出台了《迪庆州宗教教职人员纳入城乡最低生活保障实施办法》,规定将身体残疾、家庭困难或无依无靠,无生活来源,生活水平长期处于贫困状况需要政府救助和社会帮扶的宗教教职人员,以及 60 岁以上的高龄贫困宗教职人员纳入城乡低保。享受到了城市低保,目前我州共落实城乡低保的僧尼有 396 名,基本做到应保尽保。同时我州还出台《迪庆州教职人员纳入新型农村合作医疗实施办法》,规定藏传佛教寺院以寺院为单位按属地管理的原则参加寺院所在乡镇新型农村合作医疗筹资,由各寺院管理局负责筹资工作。目前全州将 2312 名僧尼纳入新型农村合作医疗,参合率达 95%。通过将僧人纳入社区化管理,开展"亲情式"服务,由政府提供公共服务，把党和政府关注民生的各项政策体现到僧人身上，让他们病有所医、老有所养、住有所居。这种做法拉近了党委政府核心教群众的关系，使信教群众共享改革成果，从而建立起绝大多数信教群众对党和国家的衷心拥护，建立起对中华人民共和国和中华民族的核心认同。正是由于迪庆党委政府富有创造性地工作，才使党和国家的民族宗教政策与迪庆的实际紧密的结合，实现了迪庆的长期和谐稳定发展。

作为多宗教并存的区域，寺庙是维护稳定的主战场。为了更好地贯彻执行党的宗教政策，积极建立内部管理与外部管理相结合的管理模式，创新宗教事务管理的长效机制。如一方面是加强寺庙民管会的建设。高度重视寺庙民主管理委员会的选配和建设，坚持严格把关，把政治上靠得住、佛学上有造诣、品德上能服众的高僧大德充实民管会班子中，发扬爱国爱教的优良传统，提高寺院民主管理委员会的领导地位。二是加强制度建设。认真实施《云南省迪庆藏族自治州藏传佛教寺院管理条例》及其实施细则，从 2000 年开始，根据寺庙爱国主义教育活动提出的要求和全

七、当代新貌

州各寺院的实际,松赞林寺、东竹林寺等影响较大、僧众较多的寺院通过了《寺院管理试行办法》《财务管理制度》《财产管理制度》《学习制度》《会议制度》《安全、消防、卫生环境保护制度》,内容涵盖了寺院建设、教务活动、以寺养寺、僧人管理等各个方面。加强对寺庙民主管理建设的指导,重视培养、团结和使用爱国宗教人士,全州到目前为止有90多名僧人在省、州、县人大、政协和爱国宗教团体中担任各类职务,在处理一些热点难点问题的过程中发挥重要作用。同时在外部管理上管理局机构进寺院,加强藏传佛教寺庙外部管理机构的建立和健全。始终坚持党的宗教信仰自由政策,把寺院管理主动权牢牢掌握在党和政府手中,全面落实分级负责的属地管理职责,加强寺庙的外部管理。成立了寺院管理局、重点寺院派出所,形成了州、县、乡、村分级负责,无一寺院和僧尼漏管的管理网络。还进一步规范僧籍管理、活佛管理、僧尼出入境管理、学经班管理、境内活动管理、财务管理、重大宗教活动管理和宗教场所管理。

通过长期努力探索出了一条藏传佛教寺院的

新的管理模式。这种管理模式强化了属地管理，改变了完全由僧人支配寺院的情况，促进了社会事务与宗教事务的分离，防止了宗教干涉行政，削弱了寺院超宗教功能，有效地解决了寺院与村民的纠纷问题，减少了矛盾隐患。

2. 加强党的基层组织建设保障和谐共生

历史证明，没有中国共产党的领导就没有翻身农奴的解放，就没有中国特色的社会主义，就谈不上迪庆今天的经济繁荣、政治稳定、民族团结、宗教有序的大好局面。在集边疆、高原、民族、贫困和宗教五位一体的迪庆，维护边疆稳定、民族团结、促进藏区和谐发展富裕的任务，比起内地更加繁重更为艰巨。但是迪庆州委政府在压力困难面前保持着清醒的认识，始终把党建工作摆在首位，牢牢把握工作的主动权，始终坚持把反对分裂、维护稳定、实现又好又快发展作为藏区基层党组织建设的中心任务，结合藏区实际，不断探索党建工作的新途径。为了加快推进藏区农村党建工程，充分发挥基层党组织战斗堡垒作用，进一步夯实党在藏区的执政基础，迪庆州委把党的建设作为促进发展稳定的基础工作来抓，

七、当代新貌

长期以来始终按照强组织、建阵地、聚人心、固边疆的要求积极搞好基层党组织建设和党员队伍建设。通过选好配强基层党组织书记,充分发挥带动一方发展和稳定的带头羊的作用。全州188个村(居)委会党支部改设为党总支,有10名党员、100名村民以上的村民小组新设立了779个党支部,实现了村委会干部90%、村民小组长95%是党员和无"党员空白村民小组"的目标,全面完成了188个村党总支活动场所建设,新建了534个村民小组党支部活动场所。全州党组织覆盖面进一步扩大,真正做到哪里有党员哪里就有党的组织,哪里有群众哪里就有党的工作,农村党员要按照要求,不断提高自身素质,磨炼自己带领群众脱贫致富、维护稳定、保护生态的本领,成为藏区建设社会主义新农村的中坚力量。启动和开展了"三建三带三创"藏区农村党建工程,即:强化党组织建设、强化党员队伍建设、强化党组织活动阵地建设;使党员成为带头致富和带领致富、带头维护稳定和带领维护稳定、带头保护生态和带领群众建设生态文明的模范;创"小康村"、创"平安村"、创"生态村"。增强了党组织在藏区农村基层的号召力、凝聚力和战斗力。推进"三建三带三创"藏区农村党建工程，基层党组织战斗堡垒作用得到充分发挥，党在藏区的执政基础进一步夯实。

在州委的重视和推动下，联系群众、教育群众、服务群众、解决群众最关心、最现实的利益的各种措施，不断出台；尊重传统宗教，解决寺院急难、引导僧尼爱国爱教、增进民族团结、促进社会和谐、反对分裂祖国、维护藏区稳定和谐的各种举措，不断创新；党内关爱基层干部、老党员、生活困难党员的激励、关怀、帮扶机制，城乡党的基层组织互帮互助机制，全面推进农村、企业、城市社区和机关、学校、新社会组织等的基层党组织建设，扩大组织覆盖，落实党建责任制、优化组织设置、创新活动方式、开展创先争优的相关机制正在推出和完善；党的基层组织在服务群众、凝聚人心、维护稳定、整合各方力量，推动藏区和谐有序发展的战斗堡垒作用已经显现。根据基层群众工作的需要，从2007年底开始到2016年，迪庆州连续9年抽调9000多人次干部进村入户，在全州开展了"促小康""促民族团结进步""促

七、当代新貌

和谐""促农村经济社会全面进步""促跨越"和"推进美丽乡村建设"等活动,深入全州188个村和24座重点寺院,大力开展为群众办实事,解难事,做好事和化解矛盾纠纷工作,广泛宣传马克思主义民族理论、党的民族宗教政策和法律法规,使各族群众维护民族团结、国家统一的自觉性、凝聚力、向心力进一步提升。拉近了干部同群众之间的距离。广泛宣传马克思主义民族理论、党的民族宗教政策和法律法规、党在农村的各项惠农惠民政策。通过扎实有效的群众教育工作,感受到社会主义大家庭的温暖,赢得了民心。

3. 建设民族团结进步工作机制护航和谐共生

迪庆是个多民族的地区,各民族的共同进步需要建立民族团结稳定工作的长效机制。迪庆高度重视长效机制的建设,自2006年起州委连续六年开展干部"千促"主题实践活动,不断筑牢全州各族群众民族团结和社会稳定的思想根基;出台了全国首部关于民族团结进步的地方性法规《迪庆藏族自治州民族团结进步条例》和《迪庆藏族自治州藏传佛教寺院管理条例》,为民族团结稳定宗教和谐提供法制保障;坚持以解决和改善各族人民民生作为促进民族团结进步和社会稳定的出发点和落脚点，结合迪庆民族宗教地区的实际创造性地开展民族工作，维护藏区民族团结社会稳定工作取得了阶段性成果，创造了在维护祖国统一前提下各民族相互包容、相互尊重、彼此认同和友好相处的典范。

迪庆高度重视民族团结进步事业政策的宣传引导工作，结合民族团结进步维护稳定主题开展群众教育工作。

大力开展民族团结教育活动。通过大力宣传《中华人民共和国民族区域自治法》、中央、省、州民族工作会议精神和《迪庆藏族自治州民族团结进步条例》等相关法规政策，让群众广泛深入地了解党的民族工作和民族政策，提高各族群众维护民族团结进步事业的积极性和自觉性。在全州中小学中免费发放《民族政策常识》《民族常识》等教材，将党的民族理论、民族政策和民族法律法规、民族基本知识纳入全州中小学校德育教学内容。在少数民族相对集中的区域，民族团结任务较重的乡镇村寨、旅游风景区以及交通要道醒目位置，树立永久性的迪庆州民族团结宣传牌，开辟各族群众便于接受的民族团结宣传渠道。

七、当代新貌

通过举办民族传统节日、召开民族团结进步表彰大会、开展中小学民族团结进步知识竞赛、发放《迪庆藏族自治州民族团结进步条例》《民族团结进步知识宣传读本》等活动将民族团结进步事业引向基层，引向群众，不断推进民族团结宣传教育进机关、进学校、进社区、进企业、进乡村、进寺观教堂，寓民族团结教育于各种群众活动中，增强群众的认同与支持。使"汉族离不开少数民族，少数民族离不开汉族，各少数民族之间也相互离不开"思想日益深入人心，在全社会营造了团结和谐的友好氛围。

针对不同的社会层次开展主题教育。在农村开展"幸福思源、脱贫感恩"教育，在干部中开展"命运靠忠诚、前程看民心"教育，在学校开展"继承革命传统，建设美好家园"教育，在寺院开展"出家守法戒、修行利国民"教育，打牢思想基础。在宣传教育工作中政协、统战、民委、宗教局、维稳办、610办等部门密切配合，组建成立寺院法制宣传组，开展三月综治维稳宣传月和法律进藏区、进寺院、进高山牧场、进乡村、进社区等五进活动。

结合法制宣传等活动，连续开展了寺庙爱国主义教育、法制宣传教育等主题教育活动。将宗教人员法制宣传教育工作纳入制度化、常态化和规范化轨道，经常性开展以《迪庆州藏传佛教寺院管理条例》为重点，以政策法规、爱国团结和科学文化为主要内容的宣传教育活动，不断加强爱国主义和法制宣传教育，不断增强僧尼爱国守法意识，进一步提高僧尼辨别是非的能力和维护稳定的自觉性。

开展抽调干部进村驻寺工作，向僧侣及信教群众讲解党的民族宗教政策和法律知识。活动过程中，工作组与僧侣交朋友，聊生活，贴近了党委政府与信教群众和僧侣的距离，再续党和群众鱼水情。活动现场僧侣放下手中的佛事工作，积极参与到活动中，聚精会神地聆听宣传人员的讲解，僧侣的积极配合，让活动现场的气氛十分热烈，宣传活动收到了良好的效果，"团结寺院"的精神理念深入广大僧众心中，教育群众覆盖面达 98.7%。

4. 夯实民族立法工作保障和谐

从地理位置和治藏的历史经验看，迪庆是一个集民族、宗教、文化、经济关系十分复杂的区域，

七、当代新貌

这种特殊的地理位置在历史上就有"治藏必先安康"的经验总结。在迪庆下辖3县29各乡镇中,其中维西县为傈僳族自治县,还有三个民族乡,自治州、自治县、民族乡的成立,形成了一个组织结构合理的三级自治系统。迪庆民族立法工作起步于1984年,虽然开展较晚,但已探索出具有地方特色的立法工作经验。树立了"三个有利于"原则,即坚持有利于民族自治地方的实际需要,有利于保障和促进民族自治地方的经济和社会发展,有利于解决民族自治地方的特殊问题,为科学立法奠定了坚实的基础。1989年10月21日,颁布实施了迪庆《云南省迪庆藏族自治州自治条例》,自治机构的成立和法规的实施,较好的发挥了民族自治和区域自治的功能。迪庆认真贯彻落实民族自治条例,推进围绕民族宗教立法进程。立足自治州的实际,不断完善民族区域自治法的配套法规体系。特别注重加强民族政策和法规体系建设。2010年7月1日在全国率先制定并颁布了关于民族团结进步的首部地方性法规《云南省迪庆藏族自治州民族团结进步条例》及其实施细则。《条例》的颁布标志着我州民族团结进步事业纳入法律保障。制定出台了《中共迪庆州委迪庆州人民政府关于贯彻〈中共云南省委云南省人民政府关于进一步加强民族工作加快少数民族和民族地区经济社会发展的决定〉的实施意见》(迪发[2007]17)和《中共迪庆州委迪庆州人民政府关于进一步加强民族工作的决定》(迪发[2009]14号)等一系列综合性文件;组织草拟《迪庆藏族自治州自治条例实施细则》等地方性民族法规体系,初步形成了一民族区域自治法为核心,地方性法规和单行条例、政策性文件相配套的具有地区特色的民族政策法规体系。其次又把依法管理寺院作为维护藏区稳定的重点,加强地方性宗教法规的建设,将宗教事务管理纳入法制化进程。2009年9月1日,《云南省迪庆藏族自治州藏传佛教寺院管理条例》颁布施行。之后迪庆根据我州民族宗教工作的实际,先后出台了八个配套的地方性法规,为依法管理藏传佛教事务初步建立起了一套法规体系。2011年迪庆开展和谐寺院创建活动,制定出台了《迪庆州关于开展和谐寺院创建活动实施方案及评选办法》。并积极调研准备就全州宗教活动管理、宗教活动场所的管理、

七、当代新貌

露天大型宗教造像的管理出台相应的管理法规，进一步促进宗教事务管理的法制化进程。如德钦县制定并试行《德钦县规范宗教活动管理办法》《德钦县露天宗教塑像管理办法》《德钦县平安和谐先进寺庙和爱国守法模范僧尼评选办法》等三个规范性文件，增强了针对性和可操作性，切实维护了信教群众的合法权益，推进寺庙管理创新工作。

步入新的历史时期，迪庆将不懈推进依法治州工程，在推进跨越发展和长治久安示范区建设上实现新突破。迪庆的法制建设面临着新的问题需要进行不断地探索。迪庆将更好地贯彻习近平总书记"治国先治边、治边先稳藏"战略思想和"依法治藏、富民兴藏、长期建藏、凝聚人心、夯实基础"的重要原则，在依法治藏的新理念下增强全民的法制意识，建立健全"依法治藏、依法行政"的体制，更加创造性地贯彻好党的民族宗教政策，制定出更符合地方实际的民族自治条例、法规、细则，推进民族地区立法进程，在藏区纷繁复杂的新形势下探索出符合时代要求和社会主义原则的民族关系，切实维护好各民族群众和每一个公民的合法权益和合理利益的道理途径和方式方法,使基层社会治理体系有待于结合实际进一步创新。

5. 守护香格里拉文化精神家园共促和谐共生

香格里拉文化是立足迪庆历史民族文化的特点最集中的归纳和诠释。是以藏民族文化为主的多元文化和谐共生共融的典范。香格里拉文化是在漫长的历史进程中不断地聚集、融合、传承、积淀吐蕃文化、氐羌文化、中原文化,游牧文化、农耕文化、马帮文化、峡谷文化而形成的多元文化共融发展的区域文化。雪域文化、纳西东巴文化、傈僳文化等在迪庆这块土地上各美其美,美人之美,美美与共,共融共生。和谐构成了香格里拉文化的核心价值。体现了香格里拉文化的普世性和时代性。人与自然的和谐构筑了迪庆独具特色的原生态文化生境,人与人的和谐在迪庆呈现出多民族、多宗教的和谐并存,人的内心的和谐在迪庆呈现出迪庆各族人民勤劳、团结、包容、奋斗不息的民族精神。和谐的价值理念在香格里拉文化中具有丰富的内涵和历史根基,也是香格里拉文化中最具有价值和意义的人文精神。在今天充分发挥其具有规范作用和道德感召力的文化

七、当代新貌

力量,结合时代精神,培育出大众的、有时代性的、民族性的、有凝聚力的、能激励和鼓舞全体民众士气的民族精神显得尤为迫切,有益于促进促进人类可持续发展的人文精神。今天迪庆文化的发展面临着传统文化和现代文化相互撞击最为激烈的时代,文化传统面临着消解、遗失、重塑、创新的问题,我们不能无视和忽视这个问题,我们应该认清这样一个基本的事实:群众的文化品位、认识水平、时尚潮流是需要正确地加以引导的,需要长期的文化熏陶才能对特定文化遗产的价值有一定的识别能力。近年来,迪庆立足于独特丰富的民族文化资源,以旅兴文,迪庆作为香巴拉圣地从此走出国门,走向世界,成为享誉中外的旅游接待地,同时也使人们原有的生活、生产、思维方式和价值观念发生了极大改变,所以我们要实现文化的发展和繁荣,既要稳住传统文化的根,守住民族文化的魂,更要接受现代文化的洗礼,推陈出新,充分发挥文化的传播知识,提升素质,推动社会进步的功能,培育和创新民族精神,为营造和谐的社会环境和人类的精神家园服务。守护香格里拉文化就是我们的精神家园,迪庆在2003年将文化兴州作为迪庆经济社会发展的重要战略思路并实施,全面发挥文化的社会属性,依托优秀文化传统,培育和创新民族精神,建设核心价值体系,使之成为全社会广泛认同的精神支柱,为把迪庆建设成全国藏区跨越发展和长治久安示范区提供精神动力。今后我们需要更加高度关注文化的社会功能,充分发挥其历史延续力、理论说服力、民族凝聚力、文化吸引力、道德感召力等作用,以文化人,以情感人,以理服人,大力弘扬优秀文化传统,不断培育和创新自强不息的民族精神,构建美好的精神家园。

我们需要提升文化自觉,培养和重塑民族的自信心。在文化的交融、冲突中唤醒文化自觉,不断提升文化的自主能力,在新的时代找到自我的文化自信。只有社会的广大群体都认识到民族文化遗产对人类生存发展的重要性,对构建和谐社会的重要性,对每一个人的重要性,形成普遍的共识,优秀民族文化的传承、保护与发展才有良好的社会基础。我们走向文化的自强将是一个漫长的征程。